FABIANA VAGELLI
PAUL STEFAN JURESCHI

ANIMA, KARMA E DESTINO

Come Realizzare I Propri Desideri e Allinearsi Alla Missione Dell'Anima Attraverso Il Risveglio Consapevole Del Potere Di Creazione Del Proprio Destino

Titolo

"ANIMA, KARMA e DESTINO"

Autore

Fabiana Vagelli & Paul Stefan Jureschi

Editore

Bruno Editore

Sito internet

http://www.brunoeditore.it

Sommario

"I due giorni più importanti nella tua vita sono

il giorno in cui sei nato e

il giorno in cui scopri il perché".

(Mark Twain)

Introduzione

La creazione della realtà dipende da te. Dipende da tutto ciò che tu sei. Molte volte si sente dire che noi attraiamo ciò che siamo e questo è vero. Ma la domanda è: siamo veramente consapevoli di ciò che siamo? Siamo veramente consapevoli di come questa realtà funziona?

Si parla spesso della Legge di Attrazione, si parla di energia, di creazione consapevole della realtà. Ma come si crea? Quali sono le leggi sottili che reggono la creazione? Siamo in un flusso libero che semplicemente accade e la nostra vita è soggetta alla casualità? O siamo destinati sin dalla nascita a percorrere un percorso già delineato?

Quanti di voi si sono fatti queste domande? Ti sei mai fatto questa domanda? Almeno una volta nella vita ti sei domandato perché sei qui e perché la tua vita è così com'è?

Molte delle persone che seguono i nostri training e i nostri seminari ci hanno fatto tantissime domande su questi aspetti. E in tutti i percorsi che abbiamo guidato, con centinaia e migliaia di persone che sono arrivate da noi per seguire percorsi sciamanici o percorsi di consapevolezza e di crescita personale e spirituale, ciò che abbiamo notato è che queste domande sorgono sempre. In ognuno. Non importa l'età, non importa il ceto sociale a cui si appartiene, non importa la nazionalità o il colore della pelle. Sono domande che almeno una volta nella vita sorgono.

Io stesso, prima di iniziare un percorso di servizio verso gli altri, prima ancora di incontrare Fabiana, la mia compagna nel cammino, mi sono fatto spesso queste domande.

Sin dall'infanzia mi sono interrogato sul senso della vita, sulla divinità, sulle religioni, sulle razze e su tutto ciò che questa realtà ci specchia. Da adolescente, quando frequentavo le scuole medie, mentre altri ragazzi della mia età giocavano a pallone o uscivano con gli amici, mi sono messo senza saperlo alla ricerca di queste risposte.

Leggevo molto e studiavo intensamente. Brillavo tra i miei coetanei a scuola. Questo aspetto molto spesso mi ha portato a vivere l'invidia e la gelosia da parte di certi ragazzi. Così come mi ha portato anche il riconoscimento e la lode da parte dei professori e dei miei genitori.

Già da allora ho imparato a riconoscere le sfumature delle varie emozioni e a entrare in contatto empatico con gli altri. Le emozioni sono uno degli aspetti che approfondiremo in questo libro, come anche gli altri elementi della realtà umana: la mente, il corpo e l'energia.

Tutti questi argomenti mi erano sconosciuti a quei tempi. Concetti come Legge d'Attrazione, Dharma, Karma e Anima erano oltre la mia portata. Non c'erano informazioni al riguardo. La realtà comunista del paese in qui sono nato, la Romania, faceva sì che l'accesso all'informazione fosse molto ridotto. Io però avevo la fortuna di avere a casa una libreria immensa grazie a mia madre che acquistava ogni libro interessante che vendeva nella libreria che gestiva. Ero molto agevolato in questo perché i miei coetanei dovevano andare in biblioteca per avere accesso ai libri. E nonostante avessi tantissimi libri, molta informazione mancava. Il sistema controllava l'informazione.

Oggi, dopo un lungo e tortuoso percorso di vita, mi ritengo fortunato per aver sperimentato la limitazione che la realtà di quei tempi proponeva. Perché ciò mi ha spinto alla ricerca. Mi ha dato la possibilità di farmi sempre più domande e di cercare le risposte. Mi ha fatto guardare intorno e guardare anche dentro di me per comprendermi e per comprendere. Mi ha fatto desiderare di viaggiare e conoscere il mondo e altre realtà. Tutto questo è stata la scintilla che mi ha portato fino a qui.

Oggi, nel qui e ora, posso condividere e parlare da una profonda esperienza vissuta. Posso consigliare, aiutare, guidare chi si rivolge a me da una conoscenza che ha le sue radici nell'esperienza. Poche persone conoscono il mio vissuto o quello di Fabiana e vedo molto spesso sguardi sorpresi in coloro che per la prima volta si rivolgono a noi nelle sessioni personali o nei vari training che organizziamo. I nostri volti non mostrano la nostra età e al primo impatto si rimane un po' "spiazzati".

Vedendoci giovani non riescono a immaginare che dietro a ciò che si vede c'è molta esperienza di vita. L'apparenza è solo una maschera. L'esperienza, la conoscenza, la saggezza e le capacità vanno oltre l'età.

Fabiana porta con sé un grande bagaglio di esperienza: a parte esperienze vissute in prima persona, lei ha avuto la fortuna di nascere già con delle capacità espanse, con un dono particolare di vedere l'invisibile e ciò che si cela oltre l'apparenza. Se io sono partito da una posizione di ricerca e di sano scetticismo, che si è trasformato con l'esperienza, Fabiana ha avuto accesso a tutto ciò che è non visibile a occhio nudo sin dalla più tenera età.

Entrambi siamo felici di poter condividere con te e con le persone che ci seguono parte della nostra esperienza. Il nostro intento in questo libro è di portarti in profondità, in quegli aspetti nascosti che influenzano la tua realtà, la tua capacità di risposta agli eventi esterni e la tua capacità di creazione di una realtà armoniosa. Questo fa parte della nostra missione, del nostro dharma.

Hai mai sentito parlare del dharma? Se la parola dharma ti è nuova sono sicuro che conosci la parola "destino". Sicuramente c'è stato un momento nella tua vita in cui ti sei domandato perché il tuo destino è così com'è.

Una relazione infelice, la solitudine, un amore perso, un tradimento, un trauma molto spesso ci fanno domandare: «Perché?». La salute, la perdita di denaro, un fallimento o qualsiasi altra situazione non felice quasi sempre ci spinge a interrogarci sul perché di quella specifica situazione.

Quante volte ti sei chiesto "perché"? Quante volte avresti voluto una bussola che ti portasse fuori dalle situazioni difficili? Quante volte avresti voluto poter tornare indietro e fare scelte differenti, cambiare le cose? Cambiare ciò che definiamo destino.

Io personalmente me lo sono chiesto molte volte. Avrei voluto poter tornare indietro e cambiare le mie scelte. Ma non è stato possibile. A volte il dharma richiede scelte specifiche ed esperienze di un certo tipo per far sì che la missione dell'anima si compia e non è sempre facile.

Ritornando alla mia gioventù, posso dire che non ho avuto una direzione chiara. Solitamente la grande maggioranza delle persone sanno già cosa fare da grandi: sono programmate già da piccole in una certa direzione.

Io non sapevo cosa volevo "fare da grande". Sapevo ciò che mi piaceva e ciò che non mi piaceva e sentivo una grande attrazione per le lingue straniere e il desiderio di viaggiare. A quei tempi non immaginavo che ciò potesse essere definito "il richiamo dell'Anima". E così, da una situazione tranquilla, stabile e appagante, da una posizione lavorativa invidiabile alla mia età (avevo appena 22 anni), ho lasciato il mio posto di ispettore del lavoro spinto dal desiderio di partire per l'estero. Eravamo in un periodo, nel 1997, a otto anni dalla rivoluzione che ha rovesciato la dittatura in Romania.

Un periodo in cui i confini del paese erano ancora chiusi e difficilmente si poteva viaggiare all'estero. Non ti racconto il mio viaggio per inseguire i miei sogni. Sarà per un'altra volta, per un altro libro. Ma di certo non è stato facile. Sono passato attraverso varie esperienze, alti e bassi, conquiste e cadute. Da ispettore del lavoro a extracomunitario. Da una casa e una famiglia stabile, sicura e accogliente a essere un nomade senza casa, senza documenti, senza un luogo fisso e senza possibilità di crearsi una situazione stabile a causa delle costrizioni sociali e burocratiche del periodo.

Da un lavoro di successo, con grandi aperture per una futura carriera politica, a zappare la dura terra e tagliare erba, a raccogliere uva e kiwi, e tanto altro. Da firmare fogli e lavorare fascicoli delle società commerciali a girare la sabbia, scartavetrare i muri, imbiancare le pareti, distruggendomi le mani e rovinandomi il corpo. Da conversazioni e interrelazioni con direttori e responsabili di aziende a un totale isolamento e solitudine in un mondo fatto di ingiustizia, incomprensione e discriminazione razziale.

Da lavorare in un ufficio tutto mio a stare tutto il giorno, con la pioggia o il sole forte, su un marciapiedi dove gli extracomunitari aspettavano che qualche macchina passasse per portarli a qualche lavoro occasionale, così come le ragazze di strada aspettano i loro clienti. Da una famiglia accogliente dove la mamma preparava sempre il cibo da far trovare in tavola a lavare i piatti in un ristorante cinese, a fare il cameriere, aiuto cucina e infine pizzaiolo.

Da dormire nella mia casa, nella mia stanza, a non avere una casa, a dormire per strada, in un camper e in tante case in condivisione con altri extracomunitari. Tutto ciò a soli 24-25 anni. E tanto altro ancora.

Ma tutto questo, come dicevo, mi ha portato qui. Con molta esperienza alle spalle, con una conoscenza della vita, delle paure, delle rinunce, delle scelte, delle vicissitudini, delle ombre interiori, del bene e del male. Con una comprensione di come i punti di ombra o i punti di forza agiscono. E sono qui a condividerlo con voi unito anche a tutta l'esperienza che Fabiana porta con sé.

Nella scelta di seguire il proprio richiamo interiore, di seguire quella voce che ti sussurra la direzione e il cammino, sappi che sarai sempre protetto e guidato da una forza più grande di te. Possiamo chiamarla la forza della tua Anima. O puoi darle il nome che vuoi: Dio, Provvidenza, Fortuna, Divinità. Ma fa parte comunque di te. E puoi accedere a quella forza e allinearti al tuo Destino per trasformare la tua realtà nella realtà che desideri.

Nel mio viaggio della vita, negli step successivi a quelli già raccontati, sono arrivato a diventare un imprenditore di successo e a viaggiare per il mondo. Ho così realizzato il mio sogno di viaggiare e imparare le lingue straniere. Ecco come il mio sogno da ragazzo diventò realtà.

La vita, il destino, la mia Anima mi hanno portato ad altre esperienze. Altre cadute e altre conquiste. Fino al punto in cui ho iniziato un percorso di crescita personale che si è trasformato in un percorso di crescita spirituale. È così che le risposte alle famose domande esistenziali hanno iniziato ad arrivare.

Ho incontrato la mia metà, Fabiana che ha portato nella mia vita l'amore che tutti cercano. Insieme siamo passati attraverso altri alti e bassi della vita, proseguendo con le lezioni dell'Anima direttamente sul campo. Tutto ciò ha arricchito e arricchisce continuamente chi si rivolge a noi.

Oggi abbiamo aperto un'accademia chiamata Soul Resources Academy con dei percorsi di crescita personale e spirituale che arricchisce continuamente con nuovi contenuti gli allievi che la seguono. Questo ci rende felici.

Auguro anche a te di poter trarre il meglio da ciò che condividiamo in questo libro, libro che è solo una piccola parte di un disegno più grande, un primo step. Ti auguriamo di fare questo primo passo nel conoscere te stesso, nel cambiare la visione su di te e sulla vita, nell'abbracciare le tue ombre e comprendere le lezioni della tua Anima. Ti auguriamo che tutto ciò ti permetta di conoscere la tua realtà e da essa iniziare a creare consapevolmente ciò che desideri.

Clarence Darrow, avvocato e attivista per i diritti civili, descriveva così la natura inafferrabile della verità: «Insegui la verità con tutte le forze e sarai libero, anche se non arriverai mai a toccare le code del suo vestito». Dal profondo del cuore ti diciamo: la verità ti renderà libero. La verità ti permetterà di navigare attraverso i meandri di questa vita e trovare sempre un porto sicuro. La tua verità è importante. Domandati se conosci quale è la tua verità. Domandati se sei disposto a entrare in profondità. Se sei disposto a scandagliare le tue proprie ombre interiore e andare oltre. Se sei disposto a cambiare le tue credenze e paradigmi per poter realmente trasformare la tua realtà.

Perché è di questo che si tratta se vuoi veramente trasformare la tua vita e creare una realtà di abbondanza, felicità, benessere, ricchezza e successo. È di questo che si tratta. Non importa quanto sei lontano nel cammino. Non importa se sei giovane o anziano. Non importa se sei un esperto o alle prime armi. Non importa se sei realizzato o sei infelice.

La verità è che prima o poi le ombre del passato ritornano. Tutto ciò che è stato represso, nascosto, ignorato, non visto, non conosciuto avrà una influenza sulla tua realtà. Prima o poi la verità che è dentro di te parlerà. Tutto nella vita può cambiare perché la vita è un'incognita e le vie dell'Anima sono infinite.

Quante volte ti è successo di ricadere nei vecchi errori? Quante volte ti è successo di trovare la felicità e perderla? Quante volte, anche se in una situazione apparentemente felice ti sentivi profondamente solo dentro? Quante volte ti sei interrogato sul senso della vita? Ma la vita ha un senso o non ce l'ha? La risposta a questa domanda la troverai ritrovando te stesso in tutte le tue sfumature.

Lo scopo di questo libro è aprirti alla visione di chi sei veramente. Di quanta meraviglia e bellezza ci sono dentro di te. Di quante ombre e paure si nascondono nell'inconscio. Di quanta tenerezza e fragilità nasconde il tuo bambino interiore. Di quanta volontà e potere ci sono in te. Di quanto puoi realizzare se ti connetti al tuo reale potere interiore in connessione con la tua Anima. Di quanta meraviglia puoi manifestare se entri in una forma di allineamento al tuo dharma e in una forma di equilibrio di ciò che definiamo karma.

Tutto questo è alla tua portata e tocca a te manifestare la tua realtà. Noi possiamo guidarti attraverso i meandri della verità per far sì che tu riconosca la tua. Possiamo prenderti per mano e farti scoprire cose che non conoscevi fino a ora o approfondire elementi che già conosci. Tutto questo per far sì che tu possa rientrare completamente nel tuo potere personale.

In nostro motto è: «Il potere è nella tua scelta». Scegli di aprirti all'ignoto. Scegli di permetterti di cambiare la visione di te stesso e della realtà circostante. Scegli di andare al livello successivo e di creare una realtà migliore di quella che hai nella tua vita ora.

Non fermarti mai e fluisci con leggerezza e grazia. Continua a imparare, continua a crescere, continua a trasformarti. La vita è un bellissimo gioco che aspetta te. La vita aspetta che tu scopra sempre di più di te stesso e della tua realtà. Aspetta che tu scopra le nuove regole del gioco, i nuovi giochi che si possono creare, la meraviglia che può essere espansa.

Espandi prima te stesso e il mondo si espanderà. Trasforma te stesso per trasformare il mondo. Se il mondo non ti piace e vuoi cambiarlo, inizia da te. Se invece ti piace, continua a creare meraviglie per te e per gli altri. Comprendi come tutti siamo connessi in una grande invisibile matrix di energia e attraverso la tua espansione espandi la bellezza. Il potere è nella tua scelta. Permettiti di espanderti e permetti al mondo di trasformarsi insieme a te.

Capitolo 1:
Ti conosci per davvero?

«Chi sono?». Questa è un quesito che almeno una volta nella vita tutti ci poniamo. È una di quelle domande esistenziali che in specifiche occasioni della nostra vita arrivano e che servono a farci mettere in discussione, perché molto probabilmente è arrivato il momento di cambiare qualcosa, di lasciar andare, di trasformarsi, di evolversi o semplicemente di fermarsi per riprendere fiato in questa vita spesso frenetica.

Tu non sei un semplice corpo che nasce, cresce, si riproduce e muore. Tu sei molto di più. Sei innanzitutto pura energia. Sei un'anima che ha scelto di incarnarsi come essere umano e che ha al suo interno un infinito potere di creazione poiché connessa all'universo delle infinite possibilità.

Sebbene questo infinito potere di creazione sia sempre a nostra completa disposizione, quasi nessuno riesce ad accederci. Se così non fosse, tutti noi saremmo felici, sani, ricchi in tutti i sensi; eppure spesso si vive in stati di sofferenza, di malattia, di disagio sociale ed economico. In questi casi dove finisce tutto questo potere di creazione? Se sei davvero un essere fatto di pura energia dalle infinite possibilità, perché la tua vita va così spesso a rotoli e non riesci a trovare la tua felicità, benessere e pace interiore? Perché ogni volta che le cose sembrano finalmente andare per il verso giusto poi accade sempre qualcosa che ti riporta al punto di partenza o più indietro ancora?

Molto probabilmente ciò accade perché, sebbene tu abbia una vaga idea del tuo potenziale, non sai come utilizzarlo, come accedervi, come manifestarlo per creare la vita che ti meriti e che ti è destinata.

SEGRETO N. 1: Per poter creare la tua realtà e sprigionare le tue potenzialità devi prima conoscerti, comprendere come sei fatto, capire quali sono i fattori che influenzano il tuo percorso e imparare a utilizzare gli strumenti che hai a disposizione.

Conoscere te stesso è di straordinaria importanza. Cominciamo innanzitutto a comprendere come creiamo: immaginiamo di poter dividere la nostra mente in due parti, non uguali: in una percentuale dell'87% e in una percentuale quindi del 13%.

La prima parte, la prevalente e maggioritaria, è il nostro inconscio. La seconda parte, la più piccola, è la nostra parte coscia. La parte conscia è intesa come la nostra volontà e forza mentale. La parte inconscia è dove risiedono tutte le nostre memorie, le nostre paure, i nostri schemi, sinapsi, bisogni, l'idea di te stesso, programmi che condizionano e controllano il nostro modo "incondizionato" di muoverci e agire con il mondo interiore ed esteriore.

La nostra parte conscia, essendo minoritaria, viene condizionata dalla prevalenza energetica dell'inconscio. Quando con la parte conscia si sceglie di porre in essere un cambiamento, una creazione nuova, l'inconscio, con tutti i suoi schemi radicati da anni, manifesta il suo potenziale per poter bloccare il cambiamento. Non importa quanto positivo sia il cambiamento che con la nostra mente coscia vogliamo apportare alla nostra vita. Qualunque cosa vogliamo creare, se il nostro inconscio non è allineato perché in rifiuto verso il cambiamento, cercherà di bloccarlo.

Non sottovalutiamo il potere della nostra mente inconscia. Noi siamo dei creatori, noi creiamo la nostra realtà in qualunque momento, soprattutto dal nostro livello inconscio. Questo è uno dei motivi, se non il principale, del perché molte persone non riescono a guarire da un disagio, da una situazione o da uno stato mentale negativo nonostante tanti sforzi o ci riescono dopo tanto, tanto tempo. Magari a livello inconscio quel disagio, situazione o stato mentale fornisce alla persona, intesa come totalità, tutta l'attenzione, l'amore, l'apprensione e il sostegno dalle persone intorno a lei.

L'inconscio ha la necessità di soddisfare i suoi bisogni e, se tra i suoi bisogni è presente il bisogno di attenzione o il bisogno di vittimismo, creerà tutte le situazioni interne ed esterne affinché tale bisogno venga visto, riconosciuto e soddisfatto. Non importa quanta volontà sia presente a livello conscio.

Se la parte inconscia, potente e maggioritaria, ha scelto di non cambiare, allora ciò non avverrà a meno che non scegliamo di lavorare proprio sulla nostra parte inconscia per allinearla alla parte conscia. In questo modo tra l'altro avremo un cambiamento e un processo di auto-guarigione veloce e potente.

Come inizia il tuo processo di creazione? Quando vuoi creare qualcosa, quando hai un progetto o obiettivo, la prima cosa che fai è focalizzarti con il pensiero e con la tua forza di volontà. Tuttavia, come hai avuto modo di vedere, non crei solo attraverso la tua parte conscia e la tua volontà. Tutte le tue creazioni sono condizionate dalla tua parte inconscia che è importante allineare con la parte conscia per radicare e stabilizzare il cambiamento.

SEGRETO N. 2: La tua parte inconscia non ama i cambiamenti e preferisce far rimanere le cose così come sono.

Per la parte inconscia non importa che la situazione attuale sia spiacevole. A meno che non vada a incidere sui bisogni principali per la mente inconscia è preferibile rimanere nel conosciuto.

L'essere umano ha due bisogni fondamentali: il bisogno di sopravvivere e il bisogno di essere amato. Se provi a osservare, potresti notare che tutti gli altri bisogni derivano da uno di questi due così come tutte le tue paure, se ricondotte all'origine in un percorso a ritroso dove ogni paura svela la paura che le sta dietro, hanno alla base paura di morire e della morte (bisogno di sopravvivenza) e paura di non essere amati (bisogno di essere amati).

La paura dell'ignoto, connessa spesso alla paura della morte, è uno dei nostri più grandi blocchi. L'inconscio, ogni qualvolta si manifesta qualcosa di nuovo e di sconosciuto, fa resistenza, si oppone e spesso sabota il cambiamento. Per questa parte di noi è valido il detto: «Mai lasciare la via vecchia per la nuova!».

La nostra parte inconscia adora lo status quo. Ama la situazione attuale, qualunque essa sia, positiva o negativa. La ama perché la conosce, si fida, è un qualcosa che esiste e che le dà sicurezza.

Quante volte sei rimasto nella sofferenza e nella solitudine più del dovuto? Quante volte davanti a qualcosa di nuovo si è attivato l'eccessivo controllo? Quante volte l'idea di un futuro incerto ha bloccato o rallentato i tuoi passi verso il cambiamento?

Il "nuovo" spaventa la nostra parte inconscia che preferisce stare in una situazione pesante, ma "conosciuta", piuttosto che in una nuova, ma "incerta". La mente inconscia che dubita sempre, al tempo stesso odia il dubbio. Tutto deve essere calcolato, supervisionato, controllato, previsto, conosciuto, certo. Sebbene questa parte di noi sia così "restrittiva", non dobbiamo averne a male con lei.

La parte inconscia, connessa all'istinto di sopravvivenza, cerca di metterci al sicuro. Per poter cambiare qualcosa nel nostro mondo inconscio è importante non entrarci in lotta. Le nostre resistenze, per poter essere sciolte, vanno prima comprese e accettate. Senza questo passaggio si entra in un conflitto con noi stessi da dove usciamo perdenti perché dimentichiamo di amarci e di prenderci cura di noi.

Questo ci porta in uno stato emotivo, fisico, mentale ed energetico molto basso, dove nessuna creazione è possibile perché, attraverso l'eccessiva autocritica e il rifiutarsi, ci siamo allontanati da noi stessi e dunque ci siamo allontanati anche dal nostro potere di creazione.

SEGRETO N. 3: Per accedere al tuo massimo potere di creazione positiva è importante trovarti in uno stato di equilibrio, di accettazione e di amore verso te stesso. Le tue capacità e l'accessibilità al tuo potenziale crescono man mano che ti prendi amorevolmente cura di te.

La realtà che ti circonda e soprattutto il tuo modo di relazionarti con essa sono un grandissimo specchio per te, validissimo per comprendere qual è la tua situazione attuale e come il tuo potere di creazione si sta manifestando. Eh sì, tu stai già creando, anche in questo preciso istante, mentre leggi queste righe.

SEGRETO N. 4: I tuoi pensieri, le tue emozioni, il tuo corpo, la tua energia stanno costruendo ciò che tu sei, ciò che vivi e dunque anche la tua realtà.

Anche quando sei in uno stato negativo stai creando. È per questo motivo che è così importante imparare ad allinearsi e sviluppare il proprio equilibrio interiore. Ciò che produci dentro di te è ciò che si produrrà fuori, creando un circolo vizioso dove non si comprende più dov'è l'inizio e dov'è la fine.

Ti è mai capitato, quando eri particolarmente nervoso, di osservare come tutto intorno a te sembrasse peggiorare istante per istante? O, quando eri particolarmente sereno, di osservare come la giornata scorresse tranquillamente? Ecco, questi sono due piccoli e semplici esempi che ti possono aiutare a comprendere come il tuo stato interiore crea continuamente.

SEGRETO N. 5: Ricorda, tu attrai ciò che sei, non ciò che vuoi.

La creazione consapevole è uno strumento straordinario per poter diventare artefici di sé stessi, ma bisogna prestare attenzione a ciò che c'è nella tua mente conscia e nella tua mente inconscia per comprendere se sei effettivamente allineato alla creazione e se ciò che vuoi creare lo hai realmente integrato dentro di te.

Con la parola "integrato" intendiamo dire che ciò che vuoi lo hai già fatto tuo, è già dentro di te. Non lo visualizzi come qualcosa da creare, ma di già creato e di già accessibile. Per poter comprendere meglio questo concetto, soffermati per qualche istante sul concetto del "desiderio". Il desiderio di base è una mancanza. Tu desideri quello che non hai.

Ciò significa che i piani emotivo, mentale ed energetico che stanno alla base del desiderio, stanno "vibrando" l'assenza. In linea con il principio che tu attrai ciò che sei e non ciò che vuoi, se al tuo interiore ci sono assenza e mancanza, questi elementi andranno a collaborare nel tuo processo creativo.

Dato che a livello della mente inconscia l'assenza e la mancanza sono integrati, con tutta la buona volontà della mente conscia, la tua creazione consapevole potrebbe risultare inefficace o funzionante a intermittenza o solo temporaneamente.

Come puoi creare consapevolmente senza partire da uno stato di assenza e di mancanza? Innanzitutto è necessario accettare la tua situazione attuale esattamente così com'è. Come dicevamo all'inizio, per poter sciogliere le resistenze è importante prima comprenderle e accettarle senza entrare in uno spazio di rifiuto. La stessa cosa vale per le nostre "mancanze" e per ciò che desideriamo cambiare.

Quando rifiutiamo qualcosa di noi, che sia un nostro aspetto interiore o "esteriore", ce ne distacchiamo e lo allontaniamo energeticamente da noi. Allontanandolo da noi, ci allontaniamo però anche dalla possibilità di poterlo modificare.

Così come non puoi modificare o dare forma alla creta senza toccarla, allo stesso modo non puoi cambiare la tua situazione attuale senza scegliere di entrarci con tutto te stesso e immergerci dentro le tue mani, che metaforicamente significa accettare la situazione attuale e amarla così com'è.

Ciò che puoi fare per iniziare questo processo di creazione consapevole di un tuo desiderio è di cominciare a osservare la tua situazione attuale e di riconoscere per cosa potresti essere già grato. Il focalizzarti positivamente sulla tua situazione attuale attraverso lo stato di gratitudine cambia la tua vibrazione dall'assenza/mancanza in pienezza.

Quando ti senti grato per ciò che hai o per ciò che sei, la prima sensazione che manifesti è quella di pienezza. La tua vita ti appare come piena, ricca di belle cose, soddisfacente. Da questo stato interiore, le tue creazioni consapevoli vibrano di un'energia che ha già dentro tutto ciò che ti serve per sentirti soddisfatto. Da questo campo energetico che ha la pienezza all'interno, diventa molto più semplice creare a livello consapevole.

I tuoi desideri nascono dall'energia di voler migliorare ciò che già hai, non di cambiarlo completamente perché lo rifiuti. Da questa prospettiva, ciò che vuoi apportare nella tua vita come miglioramento è un qualcosa di già integrato perché parte da qualcosa che già hai, di cui vedi la bellezza e che ami così com'è. Il tuo desiderio diventa così un'estensione di ciò che già hai e non più la necessità di colmare un vuoto.

Esercizio di creazione consapevole
Prendi un tuo desiderio e osservalo. Entra in connessione con ciò a cui il desiderio è collegato e dunque relazionati con ciò che

vorresti modificare di te o della tua vita. Comincia ora a esaminare la tua situazione e su un foglio di carta segna tutto ciò per cui sei grato.

Mentre scrivi cerca di entrare anche in uno stato d'animo di gratitudine. Lascia che la gratitudine si traduca in emozioni, in pensieri, in stato di benessere fisico ed energetico. Successivamente scrivi il tuo desiderio dalla prospettiva di estensione della bellezza di ciò che sei o di ciò che hai.

Ripeti l'esercizio per più giorni, per radicare lo stato di gratitudine a livello della mente inconscia. Solitamente, per cambiare le sinapsi, occorre un tempo che oscilla dai 21 ai 28 giorni. Ti consigliamo di ripetere questo esercizio per minimo 21 giorni e possibilmente oltre i 28 (a tua discrezione) e di osservare come la tua realtà comincia a cambiare così come la desideri.

RIEPILOGO DEL CAPITOLO 1:

- SEGRETO n. 1: Per poter creare la tua realtà e sprigionare le tue potenzialità devi prima conoscerti, comprendere come sei fatto, capire quali sono i fattori che influenzano il tuo percorso e imparare a utilizzare gli strumenti che hai a disposizione.

- SEGRETO n. 2: La tua parte inconscia non ama i cambiamenti e preferisce far rimanere le cose così come sono.

- SEGRETO n. 3: Per accedere al tuo massimo potere di creazione positiva è importante trovarti in uno stato di equilibrio, di accettazione e di amore verso te stesso. Le tue capacità e l'accessibilità al tuo potenziale crescono man mano che ti prendi amorevolmente cura di te.

- SEGRETO n. 4: I tuoi pensieri, le tue emozioni, il tuo corpo, la tua energia, stanno costruendo ciò che tu sei, ciò che vivi e dunque anche la tua realtà.

- SEGRETO n. 5: Ricorda, tu attrai ciò che sei, non ciò che vuoi.

Capitolo 2:
Come trasformare i tuoi punti deboli

Partiamo dal comprendere cosa sono i punti deboli. I punti deboli non sono i punti vulnerabili. I punti vulnerabili, sensibili, sono in realtà aspetti positivi che ti ricordano la tua umanità e che ti aiutano a desistere dalla corsa verso l'inutile perfezionismo e alla tendenza a conformarti all'idea di come credi che gli altri e la società ti vogliono per ottenere il loro riconoscimento e giudizio positivo. Tu non sei perfetto, per fortuna.

SEGRETO N. 6: Tu sei perfettamente imperfetto e ciò è straordinario: l'imperfezione ti permette di sbagliare, di metterti in discussione, di crescere, di confrontarti. L'imperfezione ti aiuta a vedere oltre l'idea che hai di te stesso e così, tu evolvi.

I punti deboli sono le cosiddette ombre interiori. Le ombre interiori sono i nostri aspetti nascosti, le nostre tematiche più profonde che molto spesso tendiamo a nascondere anche a noi stessi. Sono quei nostri aspetti che difficilmente ammettiamo di avere e che cerchiamo di mettere da parte, facendo finta che non ci siano. Le ombre interiori sono anche quegli aspetti di noi di cui siamo consci, ma che non sappiamo come gestire, come elaborare e che sembrano dominarci.

Un classico esempio è l'irascibilità che ci travolge o la bassa autostima che limita ogni nostro sogno. Anche in questo caso, la reazione istintiva che abbiamo quando cerchiamo di portare scioglimento alle ombre interiori è la lotta. Si entra in reattività con noi stessi e comincia una vera e propria guerra tra noi e le nostre ombre. Di nuovo si crea separazione e di nuovo rischiamo di uscire perdenti da questa lotta.

Come allora è possibile sciogliere le ombre interiori e trasformarle in punti di forza? La soluzione è nel totale cambio dell'approccio. Per poter comprendere come cambiare l'approccio e trasformare le ombre interiori andiamo a vedere cosa in realtà sono le ombre interiori.

SEGRETO N. 7: L'ombra interiore è un bisogno, non ascoltato e/o non espresso del nostro bambino interiore che, con il tempo, si è trasformato in tematica e radicato nella forma di "ombra".

Essendo un bisogno, alla base dunque l'ombra interiore è una richiesta, dolce e tenera che viene dalla parte più vulnerabile di noi: il bambino interiore. Il bambino interiore è la tua parte bambina, connessa alla creatività, alla gioia, ma anche ai bisogni primordiali e che continuamente manifesta sé stessa anche se ormai sei un adulto.

Dicevamo prima che l'ombra interiore è un bisogno non ascoltato o non espresso di questa nostra parte interiore bambina (attiva anche nella fase adulta) che, non venendo mai soddisfatto, si trasforma, si amplia, prende una forma di tematica. Il bisogno, di per sé una semplice richiesta, si evolve. Si aggiungono emozioni, stati d'animo, pensieri, a volte manifestazioni fisiche come dei disagi in particolari punti del corpo ed elementi energetici non armonici.

Prova a pensare a una tua situazione personale dove un tuo bisogno non è stato soddisfatto: ad esempio una situazione in cui avevi bisogno di essere compreso e ascoltato dall'altro e ciò non è avvenuto o quando eri così fisicamente, mentalmente ed emozionalmente stanco per mandare tutte le tue cose avanti, in silenzio e avresti voluto anche semplicemente che qualcuno ti avesse chiesto: «Come stai?».

In entrambi gli esempi il bisogno principale è quello di essere amati e di ricevere amore. Di per sé questo è un bisogno dolcissimo e tenerissimo. Tuttavia nella sua non soddisfazione, il bisogno si trasforma: si aggiungono frustrazione, sofferenza, solitudine, dolore, insoddisfazione, rabbia, tristezza, emozioni represse, irascibilità.

Man mano che il tempo passa e che il bisogno rimane insoddisfatto, le tematiche aumentano e si rafforzano, diventando un macigno che influenza la tua realtà, i tuoi rapporti con gli altri, il rapporto che tu hai con te stesso. Per poter trasformare l'ombra interiore in un punto di forza, è necessario *cambiare l'approccio*.

L'ombra non è più un qualcosa da nascondere a sé stessi, da reprimere o da non sapere come gestire. L'ombra diventa un'opportunità.

SEGRETO N. 8: Attraverso l'ombra interiore tu hai la possibilità di vedere e comprendere quali sono i tuoi bisogni che ne stanno alla base e a cui puoi portare soddisfazione per trasformare il vuoto in pienezza.

Portando soddisfazione ai tuoi bisogni, sciogli le ombre interiori. Sciogliendo le ombre interiori rendi la tua vita più facile, fluida, serena. Appagando i tuoi bisogni liberi gli altri, e soprattutto te stesso, dalla tua aspettativa che sia il mondo e le persone intorno a te a doverli soddisfare. Anche i bisogni, così come i desideri, rappresentano dei vuoti.

Questi bisogni vengono continuamente proiettati fuori, nell'idea che siano gli altri ad avere la responsabilità di esaudirli. Questo tipo di atteggiamento viene proprio dal bambino interiore che, per sua natura, proietta le richieste verso le figure genitoriali nell'attesa che essi le soddisfino.

Ciò è completamente naturale. Anche in questo caso non occorre provare rabbia verso il nostro bambino interiore. Il bambino, in quanto tale, è dipendente e ha bisogno di qualcuno che si prenda cura di lui. Questo è un processo naturale della crescita di ogni essere umano.

Essendo noi degli adulti, possiamo cominciare a prenderci cura del nostro bambino interiore e dei suoi bisogni, andando a soddisfare le sue (nostre) richieste e trasformare così la nostra vita. In poche parole, per portare guarigione alle ombre interiori diventiamo i genitori di noi stessi e ci doniamo tutte le attenzioni di cui necessitiamo.

SEGRETO N. 9: Nell'auto-soddisfacimento dei tuoi bisogni tu accedi al tuo naturale potere di creazione dove manifesti la realtà che vuoi partendo dalla cosa più semplice: il prenderti cura di te.

Molto spesso, l'auto-soddisfacimento dei nostri bisogni viene visto come rimanere da soli. Questa credenza deriva in realtà proprio dalla nostra programmazione in cui l'altro esiste (anche) per soddisfare i nostri bisogni. Nella nostra auto-soddisfazione dei bisogni, l'altro perde il suo ruolo e crediamo così di rimanere da soli. Tuttavia la solitudine la si vive molto spesso proprio nei rapporti con gli altri.

L'altro (chiunque esso sia: partner, figlio, genitore, collega, amico, ecc.) non potrà mai soddisfare i tuoi bisogni e sai perché? Perché i bisogni sono i tuoi, nascono da dentro di te. Solo tu li puoi riempire. Ciò che l'altro può fare è soltanto cercare di darti qualcosa che finirà in un pozzo senza fondo fatto di tuoi desideri, di tue mancanze.

L'altro può aiutarti a renderti consapevole di quello che c'è dentro di te, nei punti di luce e nei punti di ombra. Ma solo tu puoi fare qualcosa per te stesso. Solo tu puoi riempire i tuoi vuoti. L'altro semplicemente te li rispecchia. Non spetta all'altro la responsabilità di renderti felice, non spetta all'altro il compito di rendere piena la tua vita. Non è l'altro il responsabile della tua tristezza o della tua sofferenza. Tutto nasce e muore dentro di te. Tu scegli cosa fare del tuo potere personale.

Puoi scegliere di darlo all'esterno, di deresponsabilizzarti, di avere la possibilità di lamentarti e prendertela con il "fuori" quando le cose vanno male. Puoi scegliere di essere felice quando l'altro fa qualcosa per te o si accorge di te, riconoscendoti o approvandoti.

Così come puoi scegliere di riprenderti tutto il potere personale che hai ceduto e che hai dato agli altri, alla vita, agli eventi. Puoi scegliere di assumerti la responsabilità di te stesso, di ciò che vuoi, della tua esistenza. Puoi scegliere di essere felice e appagato al di là di quello che gli altri fanno. Puoi scegliere di sentirti appagato e soddisfatto di te stesso perché tu inizi a riconoscerti e apprezzarti.

Puoi scegliere di smetterla di lamentarti e di pensare che sei sfortunato. Puoi scegliere di smetterla di pensare che la vita ce l'abbia con te e puoi scegliere di prendere in mano le redini della tua esistenza e di farne ciò che vuoi. Puoi scegliere di essere l'artefice di te stesso, di quello che provi, di quello che senti, di quello che pensi.

SEGRETO N. 10: Il potere non è fuori di te, è dentro. Il potere è nella tua scelta.

Esercizio per l'auto-soddisfacimento dei bisogni

Su un foglio crea una lista dei tuoi bisogni più importanti connessi alle tue ombre interiori attuali. Per riuscire a identificarle ti basta osservare quali sono le dinamiche che si scatenano dentro di te nelle relazioni, negli imprevisti, nelle aspettative che non si realizzano.

Cosa desideri che gli altri facciano per te? Cosa desideri che gli altri notino in te? Cosa l'altro dovrebbe fare per farti sentire bene? Questi sono solo esempi, puoi spaziare con le domande rivolte a te stesso per scoprire quali sono le tue ombre interiori e da quale bisogno principale derivano.

Facciamo un esempio: «Ho paura di essere giudicato e di non essere all'altezza. Entro in stati d'ansia quando mi confronto con gli altri o quando devo spiegare o far vedere un mio lavoro o un mio progetto. Mi sento meglio e mi rilasso quando gli altri dicono che ho fatto bene».

In questo caso tra i bisogni prevalenti ci sono quelli di essere approvato, riconosciuto, giudicato positivamente. La parte bambina ha bisogno che le venga detto che ha fatto un buon lavoro. Nello specifico, la persona potrebbe andare a lavorare sulla sua autostima, cominciando innanzitutto ad auto-riconoscersi e ad affermare a sé stesso di aver lavorato bene.

È consigliabile praticare l'esercizio quotidianamente e lavorare su ogni tematica per più giorni consecutivamente.

RIEPILOGO DEL CAPITOLO 2:

• SEGRETO n. 6: Tu sei perfettamente imperfetto e ciò è straordinario: l'imperfezione ti permette di sbagliare, di metterti in discussione, di crescere, di confrontarti. L'imperfezione ti aiuta a vedere oltre l'idea che hai di te stesso e così, tu evolvi.

• SEGRETO n. 7: L'ombra interiore è un bisogno, non ascoltato e/o non espresso del nostro bambino interiore che, con il tempo, si è trasformato in tematica e radicato nella forma di "ombra".

• SEGRETO n. 8: Attraverso l'ombra interiore tu hai la possibilità di vedere e comprendere quali sono i tuoi bisogni che ne stanno alla base e a cui puoi portare soddisfazione per trasformare il vuoto in pienezza.

• SEGRETO n. 9: Nell'auto-soddisfacimento dei tuoi bisogni tu accedi al tuo naturale potere di creazione dove manifesti la realtà che vuoi partendo dalla cosa più semplice: il prenderti cura di te.

• SEGRETO n. 10: Il potere non è fuori di te, è dentro. Il potere è nella tua scelta.

Capitolo 3:
Come diventare una persona stra-ordinaria

Abbiamo esordito affermando che tu sei, nella tua essenza, un flusso energetico dall'infinito potenziale. Sei un flusso senza forma. La forma viene "presa" quando ci si incarna. Ogni incarnazione, ogni forma ha degli strumenti che vengono messi a disposizione dell'anima per sperimentare il suo percorso.

La forma dell'essere umano offre quattro strumenti principali:

1. Le emozioni;
2. Il corpo fisico;
3. La mente;
4. Il corpo energetico.

Questi quattro elementi rappresentano la struttura generale dell'essere umano attraverso la quale viene vissuta la vita in tutti i suoi aspetti. Come puoi utilizzare questi strumenti per sprigionare le tue potenzialità? La risposta sta nella non identificazione con gli strumenti. Le emozioni, il corpo fisico, la mente e il corpo energetico rappresentano una parte di te, non la tua totalità. Se ti identifichi eccessivamente con gli strumenti perdi la capacità di "gestione" degli strumenti e ne diventi invece sottomesso. Gli strumenti hanno potere su di te e tu ne perdi il controllo, non sei più il timoniere della tua nave e rischi di essere in balia delle tempeste.

Prova a pensare all'incapacità di gestire le emozioni: ci sono persone che non riescono a controllare il proprio piano emotivo. Le emozioni sovrastano i pensieri e non c'è più una forma di equilibrio.

Anche se mentalmente sai quale sarebbe la cosa "giusta" e sicuramente più equilibrata da fare, le tue emozioni ti travolgono e vai per tutte altre strade. Questo non necessariamente si tramuta in qualcosa di male, ma sicuramente l'essere dominati dalle emozioni non semplifica la vita. Basti pensare a come gli sbilanciamenti emotivi vanno sul corpo e come spesso ci sentiamo male o esausti dopo un carico emotivo troppo forte.

SEGRETO N. 11: Le emozioni, il corpo fisico, la mente e il corpo energetico sono strumenti. Imparare a utilizzarli al meglio ti permette di riprendere in mano la tua vita e a entrare nel tuo potenziale.

Approfondiamo ora uno ad uno gli strumenti per comprendere quali sono le loro funzioni e come viverli al meglio.

1. Le emozioni

Le emozioni ci permettono di rendere "comprensibile" il nostro sentire. È lo strumento che ci aiuta a percepire il nostro inconscio e a osservare nell'immediato qual è il nostro stato attuale e come reagiamo alle dinamiche della vita. Di per sé le emozioni sono uno strumento grandioso per esaminare le nostre ombre interiori. Le ombre si manifestano soprattutto attraverso le emozioni.

Riuscire a osservare le emozioni significa riuscire a comprenderci e conoscerci a livelli profondissimi in quanto esse rendono visibile il tuo mondo inconscio.

SEGRETO N. 12: Solo quando ti conosci puoi prendere

consapevolezza di ciò che è necessario lasciar andare e ciò che è opportuno rafforzare. Riconoscere i propri movimenti emozionali ti aiuta a prendere consapevolezza di chi sei in tutte le tue parti: consce e inconsce.

Le emozioni, a differenza degli stati d'animo, si caratterizzano per la temporaneità. Sono brevi, brevissime. A volte istantanee. Danno giusto il tempo di far vedere qual è la tua "vera" reazione, la tua reazione più profonda e inconscia a un evento, a una persona e a tutto ciò che puoi vivere nella vita.

Cosa accade quando si crea una identificazione con le emozioni? Le emozioni perdono la loro caratteristica di brevità temporale e diventano "stati". Il piano emozionale sbilanciato crea un sistema a "loop" dove l'emozione è in stato "repeat".

In questo caso l'emozione si carica. Il corpo fisico comincia a rendere l'emozione "materiale" producendo effetti fisici (esempio: mal di testa, nausea, picco di pressione). La mente si connette alle emozioni portando il mondo inconscio emozionale sul piano conscio con sviluppo di pensieri che rafforzano lo stato emozionale (ad esempio attraverso il collegamento con memorie collegate alla situazione emozionale o attraverso supposizioni che rafforzano l'emozione sbilanciata).

Il corpo energetico produce i suoi effetti facendoti sentire agitato e scollegato da tutto e immerso solo nella tua situazione emozionale, dove ormai vedi rosso, ti si appanna la vista e non riesci a focalizzarti su nient'altro.

SEGRETO N. 13: Gli strumenti sono tutti interconnessi fra di loro. Un forte sbilanciamento su un piano va automaticamente sugli altri e produce i suoi effetti. Imparare a comprendere e utilizzare i tuoi strumenti è la via per l'equilibrio interiore.

Non identificarsi con l'emozione significa darle valore, ma non importanza. Quando l'emozione arriva è per farti comprendere qualcosa. Se l'emozione si traduce in una tematica e dunque in uno stato sbilanciato, è per farti comprendere e vedere la tua ombra interiore. Tutto ciò va benissimo. Il non identificarsi con l'emozione non significa distaccarsi dall'emozione e reprimerla.

L'emozione va vissuta, quando arriva è importante entrarci dentro.

Tuttavia, una cosa è entrare dentro l'emozione e la tematica per percepire cosa c'è dentro di te e un'altra è sguazzarci dentro con l'intento di restare nella tematica stessa. Qui torniamo di nuovo al valore della tua scelta e alla tua possibilità di diventare l'artefice di te stesso. Sguazzare nella tematica, sotto sotto, ci fa comodo.

Ci dà l'opportunità di deresponsabilizzarci, di lamentarci, di scaricare fuori le nostre frustrazioni. A volte il rimanere nella tematica ci dà la sensazione di avere potere sugli altri, di poterli far sentire in colpa attraverso la nostra rabbia o tristezza, utilizzando le nostre emozioni per giocare con quelle altrui.

Entrare nella tematica, percepirla e iniziare un processo di elaborazione della stessa dove non ti identifichi con il piano emozionale, ma lo utilizzi per comprenderti e per migliorarti, è tutta un'altra storia.

C'è un grande senso di responsabilità nel decidere di entrare

49

dentro di te e anche un grande coraggio. Ti fa onore la scelta di "vederti" per andare a migliorarti. Quando decidi di vederti, scegli di vederti in tutte le parti di te, anche quelle che non volevi accettare.

Quando scegli di vederti, scegli di vederti nella tua integrità, nei tuoi aspetti di luce, ma anche nei tuoi aspetti di buio incorrendo nel rischio di giudicarti, di criticarti, di rifiutarti, ma nella consapevolezza che nella completa accettazione di te stesso hai la possibilità di evolverti, di passare dall'anatroccolo al cigno e di cominciare a volare.

Le emozioni non servono soltanto a osservare le proprie tematiche. Attraverso le emozioni noi abbiamo anche la possibilità di sperimentare la gioia della vita. Il campo delle emozioni e il bambino interiore sono particolarmente collegati. Il bambino vive appieno le proprie emozioni e può essere un grande esempio di maestria per comprendere il ruolo delle emozioni nel gioco della non identificazione.

In base a come il bambino è cresciuto, alla sua età e alle

programmazioni già in atto, è possibile comunque osservare come il bambino riesca a vivere il mondo emozionale appieno senza attaccarcisi troppo, in poche parole senza identificarsi in esso. Il bambino è nell'emozione, ma la vive nella sua temporaneità. Al tempo stesso la vive completamente e vive completamente sé stesso. È per questo motivo che l'energia vitale e la creatività nei bambini è così forte.

Non è soltanto per la loro fantasia non ancora spezzata dai doveri e dai compiti della realtà adulta. I bambini vivono sé stessi completamente senza però limitarsi in ciò che vivono in uno specifico momento. I bambini permettono al flusso di cambiare e lo seguono. Non rimangono in uno stato fisso, ma vivono costantemente in uno stato di creazione, di lasciar andare e di nuovo di creazione, in un movimento continuo dove essi semplicemente sono, vivono. Questo aumenta l'energia vitale tantissimo.

SEGRETO N. 14: Per far sì che la tua energia vitale sia ai massimi livelli, permettiti di vivere ciò che c'è, vivi la gioia, vivi l'allegria. Permetti al tuo bambino interiore di

sprigionare la sua energia vitale e sete di vita.

A volte si prova vergogna a essere sprizzanti di energia e di felicità perché questi stati vengono associati il più delle volte alla superficialità o al non essere affidabili. Ma la leggerezza e la superficialità sono cose diverse.

Sii leggero. Ciò non limita la tua profondità, la espande. Si espande perché riesci a uscire fuori dai tuoi schemi emozionali e a vedere te stesso e la realtà per ciò che è.

2. Il corpo fisico

Il corpo è lo strumento che dà materia alla nostra essenza di flusso energetico. È uno strumento bellissimo eppure molto sottovalutato. Solitamente si dà attenzione al corpo fisico quando manifesta segnali di disturbo e il nostro non voler star male fisicamente sommato alla paura della morte rifocalizzano la nostra attenzione su di esso.

È uno strumento straordinario non solo perché dà alla nostra anima una forma materiale, ma anche perché ci permette di dare forma all'amore, agli affetti, alla gioia, alla vita. Quanto diamo per scontata la possibilità di poter guardare, toccare, gustare, camminare, parlare.

Sono cose così naturali per noi da non darci il giusto valore, ma il poter abbracciare, il poter dire «ti voglio bene», il poter accarezzare o guardare negli occhi la persona che ami sono un qualcosa di straordinario. Così come è meraviglioso poter camminare a piedi nudi sull'erba, guardare i colori della natura, gioire dei suoi profumi. Siamo ospiti di un pianeta bellissimo.

Il nostro corpo ci connette alla Terra e ci permette di vivere la vita da uno stato di presenza e di connessione con la materia dove i sensi ci aiutano a godere di ciò che c'è e che ci viene offerto.

D'altra parte il corpo è un grandissimo messaggero dei nostri disagi interiori.

Prova a pensare a quante volte, dopo o durante dei pensieri negativi o delle emozioni turbolente, il corpo ha reagito attraverso un malessere. Quando riveste il ruolo del messaggero (e lo riveste sempre), il corpo fisico ci fa da campanellino d'allarme. I disagi fisici non sono soltanto il risultato di processi chimici nel nostro corpo: sono anche il prodotto di non elaborazione di processi interiori che hanno bisogno di trovare una via d'uscita e utilizzano il corpo come portale per dare il messaggio alla persona di cambiare qualcosa in sé per riportare armonia.

Anche da questa prospettiva il corpo fisico è uno strumento eccezionale. Ci dà l'opportunità materiale di comprendere cosa c'è dentro di noi e di portarci guarigione per vivere al meglio noi stessi e la nostra realtà. Cosa accade quando c'è un'eccessiva identificazione con il corpo fisico?

Per poter rispondere a questa domanda occorre ricordare che i quattro strumenti sono tutti interconnessi fra di loro e che c'è un collegamento particolare tra gli strumenti che sono l'uno la polarità dell'altro e viceversa. Le emozioni (mondo inconscio) sono particolarmente connesse al piano mentale, inteso come pensieri (mondo conscio). Il corpo fisico (materia) è particolarmente connesso al corpo energetico (energia).

Nel caso di eccessiva identificazione con il piano del corpo fisico si crea una forma di separazione dal piano energetico. La persona in questo caso tende a essere eccessivamente materiale, logica, in rifiuto di qualunque aspetto energetico o spirituale. La vita è fatta per nascere, crescere, riprodursi e morire. Oltre la morte non c'è alcunché.

In questa eccessiva identificazione materiale si perde la concezione di sé e non si percepisce la propria essenza, la nostra energia. Non ci si percepisce al di là di ciò che apparentemente siamo. Si crede solo in ciò che si vede e si perde una parte della realtà, quella non materiale, ma energetica che è dentro e intorno a noi. Anche la scienza ha riconosciuto da tempo che non siamo fatti di sola materia, ma che abbiamo un campo energetico che interagisce con la realtà.

Equilibrando l'eccessiva identificazione con il corpo fisico ti permetti di aprirti a una nuova realtà che ti farà vivere la tua vita in una modalità completamente nuova. Proprio quando lo strumento del corpo fisico viene utilizzato in una forma bilanciata e non identificata diventa possibile vivere il famoso "qui e ora", in cui riesci a essere presente a ciò che c'è e a viverlo appieno, in tutte le sue parti, quelle visibili e quelle invisibili.

La struttura energetica riesce a passare attraverso il tuo corpo fisico e tu attraverso di esso riesci a "percepire", a "sentire", a connetterti con pienezza alle persone che ami e a vedere la bellezza in tutto ciò che c'è.

SEGRETO N. 15: Ricordati di "esserci" in ogni cosa che fai: mentre abbracci, sii presente; mentre ascolti, ascolta oltre le parole che vengono dette; mentre parli, lascia che il tuo vero sé comunichi senza paura; mentre guardi, osserva la bellezza che ti è intorno. La vita è meravigliosa, ma solo se cominci a viverla con presenza, comincerai a rendertene conto.

3. La mente

La mente, in questo contesto, rappresenta l'idea di te, le tue programmazioni, l'insieme delle tue credenze e i tuoi archetipi. Per archetipi intendiamo le maschere che utilizziamo per interfacciarci con la realtà. Osservandoti puoi notare come, in base alla situazione e alle persone con cui ti trovi, alcuni aspetti della tua personalità cambiano. Ciò che accade in queste circostanze è che assumi un certo tipo di archetipo e ne acquisisci le qualità, i pregi e i difetti.

Ogni archetipo ha al suo interno un insieme di programmazioni e credenze proprie che sposiamo e rendiamo nostre quando ci caliamo dentro. Puoi immaginare gli archetipi come dei personaggi teatrali che rappresentano parti di te e ognuno ha delle proprie caratteristiche. In famiglia prevarrà un archetipo, con gli amici un altro, al lavoro e con il partner un altro ancora.

Con questo non vogliamo dire che sei una bandiera al vento, ma che alcune tue caratteristiche cambiano forma, si "adattano" alla circostanza. Anche in questo caso il meccanismo degli archetipi si attiva in linea con il concetto della sopravvivenza. L'adattabilità e la flessibilità sono dei requisiti necessari per l'essere umano che lo aiutano e che lo sostengono nel mutare delle circostanze affinché possa sempre auto tutelarsi ed essere protetto.

Il tutto si complica quando si crea una forma di identificazione eccessiva con la nostra idea di sé e con un archetipo in particolare (o più di uno: alcuni archetipi si combinano fra loro).

SEGRETO N. 16: Quando sviluppiamo una forma di identificazione eccessiva, l'idea di noi stessi e l'archetipo in

questione si cristallizzano. Ci identifichiamo con ciò che crediamo di essere e limitiamo non solo la nostra capacità di adattabilità e di flessibilità, ma anche la nostra naturale capacità di accedere al nostro infinito potenziale e, ovviamente, limitiamo la nostra capacità di cambiare.

Una persona eccessivamente identificata con sé stessa, con ciò che crede di essere in quel momento, è una persona rigida, inflessibile, piena di corazze. L'idea che si è fatta di sé e l'archetipo collegato non sono più un vestito che indossa per interfacciarsi con la realtà, ma un'armatura pesante, soffocante che non permette a nulla di entrare così come a nulla di uscire.

Nonostante tutto, la nostra natura umana si caratterizza per l'essere mutevole. Dunque l'identificazione con ciò che credi di essere e con l'archetipo collegato è destinata a crollare. Il punto è che maggiore sarà l'identificazione, più forte sarà il processo di distruzione. Solitamente chi tende a identificarsi troppo con sé stesso vive periodi metaforici di morte e di rinascita molto forti in cui il processo di morte è particolarmente intenso e porta con sé una distruzione potente.

La persona vede distruggere tutto intorno a sé. Automaticamente si deve riadattare, deve ricostruire tutta la sua realtà, sé stessa e ricominciare ex novo. Gli archetipi e le idee di sé in cui tendiamo a infossarci sono tantissimi. Facciamo ora qualche esempio che forse rappresenta una tua eccessiva identificazione e che può aiutarti a comprenderti meglio e a lasciar andare, ove necessario, le stigmatizzazioni di te stesso.

Archetipo della madre (può essere interpretato sia da donne che da uomini): tipologia di archetipo che porta la persona a prendersi cura di tutti, mettendo sé stessa all'ultimo posto delle proprie priorità. Quando e se c'è tempo, si dedicherà alle sue esigenze, ma soltanto per essere abbastanza in forze di occuparsi degli altri.

Archetipo del padre (può essere interpretato sia da donne che da uomini): tipologia di archetipo che porta la persona a farsi carico delle responsabilità altrui. È il cosiddetto protettore: colui che aiuta l'altro a uscire dalle situazioni difficili facendo lui i passi che la persona interessata dovrebbe fare. Ti sgrava da ogni compito e si occupa di "mandare avanti le cose" sue, ma soprattutto degli altri.

59

Archetipo del costruttore (può essere interpretato sia da donne che da uomini): tipologia di archetipo che rappresenta la persona identificata con il "fare". La persona che veste questo archetipo non riesce a fermarsi a ha bisogno continuamente di "costruire" qualcosa. Ha un bisogno continuo di stimoli e ha la necessita di sentirsi occupato. Nei momenti di relax entra in realtà in stress, sia perché non ci è abituato, sia perché le cose da fare lo distraggono dagli aspetti a cui non vuole pensare e da cui fugge.

Archetipo dell'amazzone (può essere interpretato sia da uomini, che da donne): tipologia di archetipo che rappresenta la persona "guerriera", colei che rinuncia e che sacrifica sé stessa per fare ciò che deve essere fatto e che crede che non c'è nessuno che la aiuti o che la possa aiutare. Rappresenta una persona che soffre in silenzio e che si finge forte perché odia il vittimismo. Le sue richieste sono espresse attraverso il silenzio e si aspetta che non vengano ascoltate. Ciò produce diffidenza verso il prossimo e la credenza che deve fare tutto da sola e che gli altri sono inaffidabili.

Archetipo della vittima: tipologia di archetipo che utilizza la tecnica della lamentela per ricevere le attenzioni e le cure di cui ha bisogno e che non riesce a dare a sé stessa. La sua sofferenza viene spiegata ai quattro venti e sviluppa dipendenze affettive. Utilizza spesso la manipolazione e utilizza i suoi stati emotivi per scatenare reazioni nell'altro a suo favore. Ricerca l'archetipo della madre o del padre.

Archetipo del carnefice: tipologia di archetipo che costruisce il proprio benessere attraverso l'avere potere sugli altri. Rappresenta una persona che tende a voler dominare gli altri cercando continuamente di creare una propria forma di autorità attraverso il comandare e l'imporre agli altri la propria visione. Come la vittima, anche il carnefice manipola il piano emotivo dell'altro ma da una prospettiva duale rispetto a quella della vittima. La vittima ha bisogno di mostrarsi senza potere per farsi aiutare. Il carnefice ha bisogno di mostrarsi potente per ricevere l'attenzione e tende a far sentire l'altro mai all'altezza per poterlo sottomettere alle sue direttive e "ordini".

Archetipo del papa: tipologia di archetipo che rappresenta le persone che investono cariche di autorità e che devono mantenere verso la realtà esterna un certo tipo di atteggiamento. Chi veste il ruolo del papa non si permette di essere sé stesso e tende continuamente a uno stato di perfezione che crede gli richieda il suo ruolo. Questa sua tendenza a volersi mostrare perfetto agli occhi degli altri per mantenere "intatto" il proprio ruolo può portare l'archetipo del papa ad avere paura del giudizio, paura della visibilità, paura di diventare vulnerabile e repressione emozionale.

È una tipologia di archetipo che richiama una forma di solitudine perché ha paura di mostrare i suoi lati fragili che riserva per pochissimi "eletti" di cui si fida e con cui si concede il lusso di essere, almeno in parte, sé stesso.

In quanti archetipi ti riconosci? Gli archetipi sono combinali fra di loro anche se appaiono come in contraddizione l'uno con l'altro e viceversa. Prendiamo ad esempio l'archetipo della vittima e dell'amazzone: i due sembrerebbero in antitesi fra di loro, eppure l'amazzone è essa stessa una vittima anche se non lo ammetterà mai. L'amazzone, anche se in silenzio, si lamenta e si fa carico di tutto perché in realtà desidera che qualcuno veda che sta facendo troppo e le dia una mano. L'amazzone è una vittima, ma di sé stessa.

In realtà questi archetipi (e molti altri ancora) si manifestano nel nostro interiore di continuo in base alle "esigenze" che la vita ci propone e fluiscono in noi a meno che non si venga a creare un'identificazione con un archetipo in particolare. In questo caso l'archetipo diventa una parte dell'identità dell'individuo e le sue proprie programmazioni, insieme con quelle proprie della persona connesse al suo passato, alla società, religione etc., vanno a condizionare e a limitare il potere di scelta.

Quando invece non si crea la cristallizzazione dell'archetipo e si vive la naturale predisposizione a passare armoniosamente da un archetipo all'altro in linea con il principio umano dell'adattabilità, ogni archetipo si pone a servizio dell'individuo e offre le sue capacità per aiutare la persona a vivere ciò che è da sperimentare.

Facciamo un esempio: Sempronia (o Sempronio, non desideriamo fare discriminazioni di alcun genere) chiude la propria relazione con Tizio. Sempronia entra in uno stato emozionale di sofferenza e di tristezza con bisogno di condividere la propria sofferenza, di essere coccolata, di essere aiutata. Si attiva così l'archetipo della vittima.

Bada bene: l'archetipo della vittima, così come tutti gli altri archetipi, non è un archetipo di per sé negativo. Ogni archetipo ha i suoi punti "positivi" e "negativi" che servono all'individuo per vivere l'esperienza così come deve essere vissuta.

Se non si crea una forma di identificazione con l'archetipo della vittima, Sempronia, da sola e in un processo completamente naturale, passerà a un altro archetipo, ad esempio l'amazzone, che l'aiuterà a rialzarsi e a rimboccarsi le maniche, per poi passare a un altro archetipo ancora più adatto alle circostanze che man mano si manifestano.

Detto questo, non è necessario conoscere tutti gli archetipi esistenti per poter capire come siamo e come non cristallizzarci in alcuno di essi. Ciò che ti abbiamo narrato sugli archetipi ha lo scopo di aiutarti nel comprendere come passare da una parte di te all'altra senza fossilizzarti in un'idea di te stesso.

SEGRETO N. 17: L'essere umano fa parte della natura e, in quanto tale, anche esso è mutabile. Non resistere al tuo naturale cambiamento. Permettiti di diventare diverso da chi sei ora. Il cambiamento è l'essenza dell'evoluzione.

La vita semplicemente accade, così come tu semplicemente accadi. Non avere paura di perdere l'idea di chi tu sei. In realtà ogni volta che ti perdi stai perdendo soltanto i limiti che l'idea di te portavano con sé. Ogni volta che ti lasci andare e che ti permetti di accadere, dai il permesso al nuovo di arrivare e di scoprire così nuove, entusiasmanti parti di te.

4. Il corpo energetico

Il corpo energetico rappresenta la nostra struttura energetica fatta di aura, chakra, meridiani. Il corpo energetico rappresenta più degli altri tre strumenti il mezzo che si interpone tra il nostro essere un flusso energetico infinito (l'anima) e il nostro corpo umano. Rappresenta il portale di passaggio attraverso cui tutte le informazioni energetiche passano per essere elaborate sul piano fisico e su tutti gli altri piani.

Il corpo energetico è anche lo strumento che ci aiuta a percepire e a connetterci alla realtà "invisibile" e al campo universale delle infinite possibilità. È lo strumento attraverso cui ci connettiamo con il Tutto, con l'Universo, con la Fonte, con il Sé, con Dio (in qualunque modo scegliamo di definirlo) e attraverso cui permettiamo alla nostra energia personale di fluire, di emettere le nostre vibrazioni energetiche e di ricevere quelle altrui.

Quando si manifesta un'eccessiva identificazione con il piano energetico solitamente ci si trova in una situazione di cosiddetto "sradicamento": la persona, rifiutando il piano materiale, si rifugia in quello energetico sviluppando una forma di sconnessione dalla realtà.

Si tende a vivere in un mondo proprio dove, in alcuni casi, pochissime persone hanno la possibilità di entrare. La persona "sradicata" è disconnessa dal piano materiale da cui cerca continuamente di distaccarsi e cerca di costruire una sua realtà più conforme alle sue "esigenze".

Solitamente le persone che vivono una forma di identificazione eccessiva con il piano energetico disconnettendosi da quello materiale, sono persone che hanno vissuto traumi e che tendono a isolarsi e cercare il distacco dall'umanità.

Molte non hanno invece subito traumi, ma in ogni caso non si sentono "appartenenti" alla realtà "umana" e sociale e non riescono a integrarsi. Hanno così bisogno di crearsi una nuova famiglia, fatta di persone che la pensano come loro e con cui sentirsi a casa.

In ogni caso, nell'eccessiva identificazione con il piano energetico gioca tantissimo il rifiuto della realtà e/o dell'umanità, propria o degli altri, ed è proprio su questo tema che è necessario portare bilanciamento per permettere al piano energetico di diventare uno strumento di aiuto e non di isolamento.

Quando il piano energetico è bilanciato, in connessione con il bilanciamento degli altri tre elementi, la persona è armoniosa e in uno stato di pace interiore. Riesce a fluire con facilità, è flessibile. Ha la capacità di osservare le cose da diverse prospettive e ha un'innata saggezza che si sposa con la destrezza di saper cogliere le opportunità che si presentano.

Questa innata saggezza è tipica di chi ha il corpo energetico bilanciato. La connessione con il campo energetico e con le informazioni accessibili attraverso di esso, portano la persona ad avere una mentalità molto aperta e a scegliere con facilità l'approccio giusto in ogni situazione.

Il corpo energetico vissuto come strumento di benessere interiore porta la persona a essere aperta, fiduciosa, ma non sprovveduta. Si ha una visione a 360° che ci permette di valutare le varie possibilità esistenti in una modalità di relax. Chi ha un corpo energetico bilanciato difficilmente entra in uno stato di stress, di agitazione o di preoccupazione. Solitamente è una persona abbastanza sicura di sé e ha una percezione chiara delle sue potenzialità.

Se c'è equilibrio anche negli altri tre strumenti diventa allora facile rendere la percezione di sé e delle proprie potenzialità "materiali", utilizzandole e vivendole nella vita di tutti i giorni. Il corpo energetico, in connessione con il campo energetico universale (o del Tutto, della Fonte, di Dio, ecc), ci collega a uno spazio dove è possibile qualunque tipo di creazione poiché tutte già create.

L'Universo, da una prospettiva energetica, rappresenta uno stato dimensionale dove risiedono le infinite possibilità che sono sempre accessibili. Quando siamo ben connessi a questo strumento e sappiamo come "richiamare" a noi le possibilità di creazione, le nostre capacità di creare aumentano a dismisura.

Ribadiamo il concetto che è necessario sviluppare equilibrio nei nostri elementi strutturali. Una buona connessione con il campo energetico che ha all'interno però un'eccessiva identificazione con il corpo energetico, con annesso rifiuto del piano materiale, non porterà alla "manifestazione" delle possibilità universali (o del Tutto, della Fonte, di Dio).

Il corpo energetico rappresenta un portale attraverso cui l'energia passa. Questa energia ha però bisogno di una struttura in cui radicarsi, in cui prendere forma, altrimenti si disperde. In questo caso la persona è conscia del potere che risiede nel corpo energetico e tende verso di esso, ma non riesce ad avere riscontri nella realtà tridimensionale che verrà rifiutata sempre di più perché non corrispondente alla propria "verità" personale.

La verità personale corrisponde alla consapevolezza di una realtà in cui tutto è possibile, in cui la pace e la connessione con il Tutto regnano sovrane, un'umanità che si riconosce come più elevata e pura di come si manifesta nella tridimensionalità. Per questo motivo chi si identifica troppo con il corpo energetico crea un mondo tutto suo.

Potremmo in realtà affermare che questo fantastico mondo fatto di bellezza, di connessione e di infinite possibilità è reale. Ma senza uno sforzo da parte della persona, questo mondo rimarrà eterico. Il compito dell'essere umano è quello di portare equilibrio in sé stesso e dunque nella propria realtà. Solo attraverso l'equilibrio si può creare un punto di incontro tra i vari mondi interiori che cominciano a collaborare insieme per un obiettivo comune: il benessere su tutti i piani.

Da questa prospettiva non ci può essere una buona connessione con il corpo energetico e con le infinite possibilità che si possono trarre da esso senza un buon radicamento e viceversa. Non può esserci un buono stato mentale di pensieri senza un campo emozionale armonioso e viceversa. Se vuoi manifestare sulla tridimensionalità le potenzialità della tua anima occorre iniziare un viaggio profondo dentro di te, dove tu diventi l'ago della bilancia dei tuoi strumenti e dove scegli di mantenere l'equilibrio.

SEGRETO N. 18: La nostra essenza è fatta di equilibrio. Quando sviluppiamo l'equilibrio nella nostra umanità si aprono le porte dei nostri talenti e del nostro potere personale.

Il corpo energetico rappresenta anche lo strumento che la nostra anima utilizza per comunicare con "noi", la sua parte incarnata, affinché ci sia e rimanga una forma di allineamento con il Dharma che rappresenta l'insieme delle esperienze (spesso chiamate missioni) che l'anima viene a sperimentare quando si incarna. Ancor di più può essere chiaro come è importante lavorare sul tuo corpo energetico così come sugli altri tuoi strumenti per diventare il maestro di te stesso e per poter creare la tua realtà.

71

In questo lavoro su di te sarai solo, per quanti aiuti potrai chiedere e ricevere.

Nessuno si potrà sostituire alla tua scelta consapevole di prenderti cura di te e di cacciare fuori la parte migliore di te stesso. Ricorda: maggior equilibrio porterai nella tua vita, maggior potenziale potrai manifestare dentro e fuori di te. Tu sei l'unico responsabile di ciò che senti, di ciò che vivi, di ciò che pensi, di ciò che percepisci. Sei tu che decidi l'andamento della tua vita.

Anche se non tutti gli eventi dipendono da te, anche se non tutto ciò che ti capita nella tua vita lo hai creato tu, sei tu il creatore del tuo approccio ed è proprio il tuo approccio che fa la differenza. L'approccio è fondamentale nel percorso su di sé verso la realizzazione personale. Sii costante nella cura verso te stesso. Il percorso su di sé è un lavoro. Va vissuto con responsabilità che non vuol dire pesantezza, ma profondità.

Sii profondo e al tempo stesso leggero. Non demordere, non lasciarti sabotare. Il risultato sarà straordinario, ma occorre avere il coraggio di fare il salto nel vuoto e di andare fino in fondo senza raccontarti frottole e senza far finta di lavorare su di te per avere poi solo un'altra giustificazione e scusa per dire che "non funziona" e per continuare a lamentarti.

Milano. Fabrizia è una donna di apparente successo. È sposata, vive in un bellissimo quartiere e tiene eventi di sviluppo personale. Con i suoi clienti mostra un lato di sé forte, sicuro. Dietro le quinte, Fabrizia non fa altro che lamentarsi. Si lamenta di ogni cosa, di suo marito, della sua casa, della sua esistenza.

È stanca di lavorare e ripete in continuazione che nella vita ha sofferto tanto, che nessuno le vuole bene, che fisicamente non ce la fa più. Tenendo corsi di sviluppo personale, conosce la "legge di attrazione", conosce il potere della mente, sa che tutto arriva per risonanza. Lavora su sé stessa, ripete diligentemente affermazioni potenzianti, medita, fa esercizi di presenza.

Ma appena conclusa l'affermazione, la meditazione o l'esercizio, rientra nella tematica del vittimismo, ricominciando così di nuovo a lamentarsi di tutto ciò che la circonda. A differenza dell'energia utilizzata negli esercizi, durante il suo lamentarsi per attrarre l'attenzione altrui, utilizza tantissimo intento e tantissimo afflusso energetico. Nel giro di poco tempo, i suoi clienti cominciano a sparire, i soldi cominciano a mancare, si ammala, la proprietaria di casa le dà lo sfratto e il marito la lascia.

Donata, Venezia. Donata organizza matrimoni. È una wedding planner e accompagna le future spose in tutto il percorso organizzativo del loro matrimonio. È vicina al mondo energetico ed è interessatissima allo sviluppo personale. È una donna vivace, allegra, che assimila tutto ciò che le viene insegnato facendolo diventare suo, radicandolo in lei. La sua tematica è l'amore per sé stessa. Sceglie di affrontare la tematica del bisogno di riconoscimento, le tematiche della bambina interiore, la paura della solitudine, la difficoltà del lasciar andare.

Fa gli esercizi diligentemente e li mette in pratica in ogni ambito della sua vita, mettendosi in discussione quando la lezione dell'anima, puntualmente, arriva. Comprende il valore della gratitudine e della bellezza della vita. Comprende l'importanza del chiedere e del saper chiedere all'Universo e comprende l'importanza dell'aprirsi al ricevere. Oggi Donata è una donna serena, consapevole di sé stessa, ricca di doni dall'Universo e pronta a insegnare agli altri le magie dell'applicare l'amore per sé stessi.

Questi due esempi sono qui riportati per far comprendere l'importanza del tuo modo di interagire con te stesso e quindi con ciò che ci circonda, Universo compreso. Puoi immaginare l'Universo (il Tutto, la Fonte, Dio, ecc) come un grande ricettore di messaggi a effetto boomerang. È un grande magazzino capace di fornirti tutto ciò che richiedi.

L'Universo è inoltre neutrale. Non si preoccupa di "cosa chiedi", te lo invia comunque, anche se non propriamente positivo. Questo è il principio di azione della legge di attrazione. Questa legge afferma che il tuo pensiero in combinazione con ciò che tu sei determina la tua realtà.

I nostri pensieri, le nostre stesse parole, la nostra essenza umana sono un flusso di energia. Questo flusso contiene immagini, sensazioni, dati, informazioni o frequenze che vengono spediti nell'Universo. L'Universo riceve questo flusso energetico, lo

75

elabora e rinvia al mittente una o più risposte risonanti al flusso.

Per questo motivo, esaminare cosa "emani" è così importante. Tu crei ciò che sei e ciò che credi di essere, dunque crei anche le tue credenze. Le credenze si trovano nel nostro subconscio. Bruce Lipton dice che «Il segreto della vita sono le *credenze*. Piuttosto che i geni, sono le credenze che controllano la nostra vita tramite la legge di attrazione».

Ora è più semplice comprendere perché diamo così tanta importanza al lavoro sul di te. Prenditi qualche minuto adesso. Sappi che quando ti poni una domanda la prima risposta o reazione che ti arriva, prima che cominci a "ragionare", proviene dal mondo inconscio.

Come reagisci di fronte a un'improvvisa spesa economica che non ti aspettavi? Come reagisci di fronte a una situazione di pericolo? Quali emozioni provi quando il tuo partner non ti risponde al telefono per più di un'ora? Quali sono i meccanismi che ti si presentano? In quali stati emozionali entri? Quali sono i tuoi dubbi, pensieri fissi, preoccupazioni?

Questo piccolo esercizio può aiutarti a comprendere il sistema di credenze che è alla base di ciò che tu crei. Puoi ovviamente formulare altri tipi di domande e approfondire la scoperta della mente subconscia per conoscerti di più e cercare di trasformare la tua realtà. Ricorda che il tuo mondo interiore e il tuo mondo esteriore sono solo un'espressione di te stesso, dei tuoi pensieri. Da qui deriva *la responsabilità personale*.

Salvatore Brizzi dice: «Non dare mai la colpa all'esterno, non lamentarti per come è fatto il mondo, perché l'origine di tutti i tuoi mali si trova dentro di te. Non soffri perché qualcuno ti ha fatto qualcosa, ma qualcuno ti ha fatto qualcosa perché hai scelto la sofferenza come tua modalità di vita. Non ti lamenti perché un evento è accaduto, ma quell'evento è accaduto perché tu vivi di lamentele».

Ciò che vivi è solo uno specchio di te stesso. Tu sei i tuoi pensieri, tu sei le tue parole, tu sei le tue emozioni, tu sei il tuo corpo fisico, tu sei la tua energia. Attenzione: abbiamo detto che *tu sei* i tuoi pensieri, le tue emozioni, etc. Non che i pensieri sono te. Non sono i pensieri che ti dominano, sei tu che li gestisci. La tua realtà è un tuo specchio ed è lì presente perché tu l'hai richiamata attraverso la tua stessa vibrazione.

Ciò a cui tu scegli di dare energia si manifesta nella tua vita. Tu sei il responsabile di te stesso e di ciò che stai vivendo. Scegli il tuo pensiero, scegli le tue emozioni, la tua energia, il modo in cui ti rapporti al tuo corpo. Sii consapevole che stai creando la tua realtà adesso.

Torniamo a Fabrizia. Fabrizia fa gli esercizi, è costante, è attenta a non saltare neanche un giorno. E allora perché va tutto a rotoli? Perché gli esercizi e le pratiche energetiche non funzionano? Fabrizia non mette in "pratica" nella vita di tutti i giorni gli insegnamenti, lasciandoli nella pura teoria. Quindi l'auto-guarigione non si manifesta perché incompleta. Ciò che blocca ancor di più il processo è soprattutto il suo atteggiamento.

Abbiamo detto che appena conclusi gli esercizi o comunque durante la giornata, Fabrizia ritorna a lamentarsi con un grande afflusso energetico che noi definiremo "intento". Cosa sta facendo a livello energetico Fabrizia? Invia un messaggio positivo all'Universo, poco dopo ne invia uno negativo. E continua a inviare altri messaggi negativi durante l'arco della giornata.

Ciò che accade è facilmente intuibile: la vibrazione positiva post esercizio viene annullata dalla vibrazione negativa successiva e l'Universo riceve tutte le credenze negative create dal lamentarsi per la tematica del vittimismo. Di conseguenza l'Universo, che è neutrale, risponde in risonanza a tutte le lamentele, rinviandole in forma tridimensionale a Fabrizia. Le sta dando ciò che chiede. Perché ogni nostro pensiero per l'universo è in realtà una richiesta.

Le credenze che Fabrizia va a smantellare o modificare attraverso gli esercizi vanno poi a essere radicate ancor più in profondità attraverso il parlare male di sé stessa e della sua realtà. Il cambiamento non avviene perché si sta radicando il vecchio modello di esistenza. Questo può essere una risposta a chi non ottiene risultati seppur praticando esercizi di cambio sinapsi e credenze.

Per poterti aiutare nel trasformare lo status quo delle cose e per poterti aiutare a entrare veramente in una forma di cambiamento profondo che ti porti a un reale benessere e trasmutazione, ti chiediamo di farti queste domande.

Entra dentro di te e con profondo amore e gentilezza nei tuoi riguardi, rispondi: Quanto ti impegni nella vita di tutti i giorni nel cambiare ciò che è nel tuo inconscio? Quanto vuoi cambiare e quanto vuoi restare nella tua situazione perché ti fa comodo e ti porta qualche illusorio vantaggio? Quanto sei presente a te stesso e a ciò che affermi?

Sei veramente pronto? Sei pronto a diventare tu stesso il tuo esercizio e rimanere positivo e fiducioso quando tutto sembra ancora fermo? Sei pronto a ripetere a te stesso e soprattutto a credere che tutto va bene, che sei ricco, che sei felice, che ti ami e che sei amato quando ancora apparentemente non è così? Sei pronto a resistere durante la fase del cambio delle credenze, sei pronto a resistere nella fase in cui nulla ancora cambia? Sei veramente pronto a cambiare te stesso e la tua realtà?

Perché se la tua risposta è sì, dovrai resistere: resistere a te stesso, ai sabotaggi che si presenteranno, resistere alla voglia di mollare tutto perché nulla ancora è cambiato e/o anzi è peggiorato. Non stiamo dicendo che sia facile cambiare la tua realtà. È difficile. È difficile perché potresti sentirti perso. È difficile perché potresti sentirti stanco. È difficile perché potresti affrontare una realtà che non è assolutamente come "affermi" che sia. È difficile perché potresti sentirti senza speranza. È difficile perché avrai sabotaggi. È difficile perché dovrai amarti con tutti i tuoi sabotaggi. Non ti diciamo che è facile.

Ti diciamo però che è semplice. È semplice e puoi farcela. La regola è una, una soltanto: cambia il tuo pensiero e la tua percezione della realtà. Il tuo pensiero è la fonte. Il tuo pensiero è il collegamento con l'Universo. Il tuo pensiero è il portale tra ciò che vuoi e ciò che crei. Il tuo pensiero è il portale tra il visibile e l'invisibile. Il tuo pensiero contiene in sé l'essenza più pura della creazione divina. Il pensiero è parte di te e la tua realtà è il tuo pensiero.

Ciò che vivi, ciò che sei è solo e unicamente tua responsabilità. È tempo di smettere di cercare capri espiatori. È tempo di smettere di cercare all'esterno il responsabile delle tue vicissitudini. Tu sei il responsabile. Tu richiami ciò che vivi. Tu sei la tua realtà. Tu sei il tuo mondo e il padrone del tuo destino. Tu sei la tua sofferenza, la tua preoccupazione, il tuo dolore e la tua felicità, leggerezza, serenità. Scegli. La scelta è la tua responsabilità. Cosa vuoi essere? Cosa vuoi divenire? Cosa vuoi creare? Cosa vuoi vivere?

Scegli e crea. Nulla te lo impedisce. Solo tu. Che cosa desideri? Cosa desideri per davvero? Desideri davvero essere libero? O ti è più comodo rimanere nei tuoi bisogni, nelle tue paure, nelle tue dipendenze affettive per sentirti più amato? Sei pronto ad affrontare la solitudine? Perché sarai solo quando trasformerai te stesso. Potrai essere guidato, sostenuto, ma la trasmutazione, il cambiamento del vecchio nel nuovo è solo tua responsabilità.
Ti chiediamo se sai amare gli altri senza il bisogno di essere amato a tua volta.
Ti chiediamo se hai il coraggio di amarti indipendentemente dall'amore altrui. Perché questo è il cambiamento più grande dal quale derivano tutte le meraviglie dell'Universo: riuscire ad amare sé stessi, condizionatamente e incondizionatamente. Amare

sé stessi e essere autosufficienti. Sei dunque veramente pronto? Il percorso su di te acquisisce un senso reale quando lo vivi, altrimenti rimangono solo parole, belle, bellissime, ma finte.

Vai oltre l'affermazione "io lavoro su di me". Incarna ciò che il "lavoro su di te" porta come messaggio. Applica la consapevolezza nel tuo quotidiano, nelle tue relazioni, con te stesso. Sii tu una manifestazione di amore incondizionato verso te stesso.

Qui di seguito ti proponiamo degli esercizi per diventare il comandante di te stesso e dei tuoi strumenti.

Esercizi per allineare le emozioni
Vision board: la vision board è una tecnica molto divertente che consiste nell'incollare o scrivere su un cartellone immagini e parole che riguardano i tuoi desideri, aspirazioni e i tuoi obiettivi. Questa tecnica ti dà l'opportunità di avere una manifestazione visiva di ciò che vuoi.

È importantissimo inserire nella vision board anche immagini o frasi che rappresentano il come ti vorresti sentire o il come ti sentiresti una volta aver raggiunto ciò che desideri. È consigliabile appendere il cartellone nella camera da letto affinché sia la prima e ultima cosa che vedi ogni giorno, oppure potresti posizionarla nella stanza in cui passi il maggior tempo possibile in uno stato di relax. Prenditi il tempo per osservare la tua vision board, concentrati su ciò che stai guardando. Entra in contatto con le emozioni, con l'entusiasmo che ti suscitano i tuoi desideri. Lascia che si impregnino nella mente.

Successivamente la vision board può essere modificata aggiungendo altre immagini o frasi o parole, oppure puoi farne una completamente nuova.

Giocare a…: ti ricordi quando nell'infanzia giocavi a essere un eroe o una principessa, un esploratore o una mamma? Questa tecnica richiama lo stesso principio. Immaginare di essere già come desideriamo o immaginare di avere già quello che desideriamo è un metodo potentissimo per creare. Nel nostro cervello si stanno creando tutte le emozioni che proveremmo se ciò fosse reale.

Ti è mai capitato di sognare di arrabbiarti con qualcuno e svegliarti veramente arrabbiato con quella persona? Ecco, in questo caso hai "creato" la rabbia a livello emozionale. Allo stesso modo, immaginando di avere raggiunto il nostro desiderio, lo stiamo portando qui, in questa realtà.

Sappi che in qualche spazio universale, già esiste ciò che desideri, lo devi solo richiamare. Attraverso il vivere ciò che desideriamo, attraverso l'immaginazione concreta noi stiamo vivendo la gioia, l'allegria, l'entusiasmo e soprattutto la gratitudine. La gratitudine è tra l'altro non solo un'energia potentissima di creazione, ma anche di ricevimento perché ti permette di ricevere ancora e ancora dall'Universo.

Esercizi per allineare il corpo fisico
Meditazione attiva: la meditazione attiva è una forma di meditazione molto utile per entrare in connessione con il proprio corpo in una modalità consapevole. Puoi utilizzare questo tipo di pratica in ogni momento e in ogni circostanza.

Ciò che ti consigliamo di provare è la meditazione attiva della camminata. Il camminare è una delle tante esperienze che diamo per scontate, ma che invece è un qualcosa di straordinario. Prova a pensare quanta articolazione ed equilibrio ha e manifesta il tuo corpo nel mettere un piede avanti all'altro.

Alzandoti in piedi, rimani fermo e concentrati sul tuo corpo. Concentrati sul tuo peso e senti come il tuo corpo lo distribuisce per creare un equilibrio stabile. Quando ti senti nella completa stabilità, comincia a muovere il piede sinistro (o destro se preferisci) come per iniziare a camminare. Lascia che i movimenti siano lentissimi, come al rallentatore.

Senti come il piede si alza dal pavimento, cambiando l'equilibrio del tuo corpo che si sposta e che si mantiene per stabilizzarsi di nuovo mentre il piede ora poggia per terra, prima con il tallone e poi con tutta la pianta del piede sinistro mentre comincia ad alzarsi lentamente quello destro spostando di nuovo tutto l'equilibrio e stabilizzandolo in una nuova forma. Continua così a camminare percependo tutto il tuo corpo e tutta la sua magia nelle cose che appaiono così scontate, semplici e naturali.

Prenditi cura di te: questo piuttosto che un esercizio, sarebbe una pratica da portare avanti tutti i giorni, vita natural durante. Seduto o in piedi, a occhi chiusi o di fronte allo specchio guardandoti, comincia ad accarezzare e massaggiare il tuo corpo. È una carezza gentile e amorevole, ma anche forte e stabile.

Rimani un po' di più nelle zone che senti appesantite dagli sforzi fisici o emotivi, stringi e rilascia su queste parti, contraendo e rilassando la zona come se volessi aiutarla a lasciar andare i pesi e continua fino a quando non percepisci di aver dato abbastanza al tuo corpo. Scegli di nutrire correttamente il tuo corpo, con alimenti sani e nutrienti. Osserverai in 10 giorni degli straordinari risultati.

Esercizio per allineare la mente
Affermazioni positive: le affermazioni positive sono uno strumento potentissimo, a volte sottovalutato. Le affermazioni hanno una doppia funzione: da una parte inviano all'Universo un messaggio ben preciso su quello che desideriamo, dall'altra hanno la capacità di cambiare le nostre sinapsi e credenze a livello conscio e inconscio.

Quando le richieste non vanno a buon fine, uno dei motivi possibili è che l'inconscio non è allineato perché non desidera modificare lo status quo, sia esso interno o esterno. Le affermazioni ti aiutano in questo processo di allineamento affinché tutte le parti di te siano allineate con la richiesta. Le affermazioni oltre che all'esterno, lavorano anche verso l'interno, inviando nell'inconscio un messaggio continuo di trasformazione e pian piano vanno a prendere il posto delle vecchie credenze.

Ricordati che i sabotaggi sono sempre in agguato. Nel campo delle affermazioni, il sabotaggio più ricorrente è quello dell'impazienza che poi si trasforma in frustrazione, sfiducia e abbandono del lavoro su di sé. I sabotaggi sono creati dal nostro inconscio ed esso ci conosce alla perfezione, mettendo in moto tutti i blocchi possibili e immaginabili per rallentare o disfare il cambiamento. Quindi armati di pazienza, amore per te stesso e fiducia. La trasformazione arriverà!

Anche per le affermazioni positive è necessaria la focalizzazione. Puoi scegliere, come per la preghiera, di creare un tuo spazio sacro o di chiamare a te divinità o entità di luce che possono aiutarti a entrare maggiormente in connessione con te stesso e con l'affermazione. Ti consigliamo di prenderti qualche minuto di tempo sia prima che dopo l'affermazione.

Prima di cominciare inspira ed espira entrando nel tuo silenzio e spazio interiore. Lascia che la calma e i pensieri quotidiani svaniscano, inspira di nuovo e comincia a ripetere l'affermazione. Fermati su ogni parola, scandiscila e soprattutto sentila dentro di te, sentendola scendere in profondità. Le parole delle affermazioni sono positive e potenzianti. Vivile. Dopo aver ripetuto l'affermazione, rimani in silenzio una quindicina di secondi e possibilmente a occhi chiusi. Così facendo rimarrai nell'energia dell'affermazione.

Il potere, l'energia di ogni parola scorrerà in te nutrendoti e cambiandoti sin dalle prime ripetizioni. Una volta conclusa l'affermazione, quando poi ti sentirai pronto, fai un bel respiro e apri gli occhi.

Esercizi per allineare il corpo energetico
Meditazione visiva: attraverso la meditazione visiva, visualizzi in

meditazione ciò che desideri. Immagina tutto nei minimi particolari e focalizzati sul livello emozionale. Cosa proveresti se avessi raggiunto il tuo obiettivo? Cosa faresti? A chi lo racconteresti o con chi lo condivideresti? Trasporta tutto ciò che vivresti nella meditazione.

Il cervello non conosce la differenza tra ciò che è reale e ciò che non lo è, quindi andrai automaticamente a creare ciò che stai visualizzando. Stai inviando all'Universo l'informazione precisa di ciò che desideri e concentrandoti sul pensiero di averlo già nelle tue mani stai in realtà anche accorciando i "tempi di invio". Queste sono alcune delle possibilità più semplici a tua disposizione per poter creare la tua realtà.

Puoi usare una di queste o altre non elencate qui. Segui la tua voce interiore. Il miglior maestro di te stesso sei proprio tu e puoi sapere o sentire qual è lo strumento più adatto. Scegli e sperimenta. Se nulla accade è perché c'è qualche sabotaggio e quindi non allineamento, oppure semplicemente il tuo desiderio non è previsto per il bene supremo. In quest'ultimo caso ti potresti trovare di fronte alla lezione dell'accettazione di ciò che non può essere cambiato.

Una lezione profonda, ma che può portarti una grandissima guarigione permettendoti di vivere l'impossibilità con un'energia completamente nuova che porta serenità piuttosto che frustrazione e che quindi ti aiuta a vivere ad un livello sempre più alto di armonia e pace interiore.

La richiesta: la richiesta è una delle modalità più antiche per chiamare a sé un risultato. Attraverso la richiesta ci poniamo in contatto con il campo energetico e chiediamo all'Universo o a delle entità di luce di aiutarci a raggiungere o creare un obiettivo. Il nostro consiglio è quello di porre nella richiesta tutto il tuo intento, tutto il tuo desiderio.

Affidati completamente. Rilascia il tuo bisogno di controllo, permetti all'energia di operare per te al massimo delle sue possibilità. La creazione universale è vincolata dal tuo libero arbitrio, dalla tua libera scelta. Se nella richiesta definisci il "come" un tuo desiderio o obiettivo deve essere realizzato, limitando le possibilità di azione del campo, la stai vincolando a seguire un certo tipo di percorso che potrebbe rilevarsi non adatto per te.

Lascia che sia il campo energetico a fare per te. È come andare da un meccanico per far riparare la macchina e dare delle direttive su quali strumenti di lavoro usare per risolvere il problema senza avere alcuna competenza. Abbandonati. Tra l'altro, potrebbe piacerti mollare il controllo.

Altro consiglio è di focalizzarti. Quando poni la richiesta, concentrati. Non lasciare che le tue siano parole con poca energia. Impegnati. L'impegno, inteso come volontà, è fondamentale per creare con lo strumento della richiesta, così come per tutti gli altri strumenti.

Prenditi del tempo, crea un piccolo spazio sacro, rimani nel tuo silenzio interiore per qualche minuto. Entra nell'energia sacra della richiesta e poi pronunciala.

RIEPILOGO DEL CAPITOLO 3:

• SEGRETO n. 11: Le emozioni, il corpo fisico, la mente e il corpo energetico sono strumenti. Imparare a utilizzarli al meglio ti permette di riprendere in mano la tua vita e di entrare nel tuo potenziale.

• SEGRETO n. 12: Solo quando ti conosci puoi prendere consapevolezza di ciò che è necessario lasciar andare o ciò che è opportuno rafforzare. Riconoscere i propri movimenti emozionali ti aiuta a prendere consapevolezza di chi sei in tutte le tue parti: consce e inconsce.

• SEGRETO n. 13: Gli strumenti sono tutti interconnessi fra di loro. Un forte sbilanciamento su un piano va automaticamente sugli altri e produce i suoi effetti.

Imparare a comprendere e utilizzare i tuoi strumenti è la via per l'equilibrio interiore.

• SEGRETO n. 14: Per far sì che la tua energia vitale sia ai massimi livelli, permettiti di vivere ciò che c'è, vivi la gioia, vivi l'allegria. Permetti al tuo bambino interiore di sprigionare la sua energia vitale e sete di vita.

• SEGRETO n. 15: Ricordati di "esserci" in ogni cosa che fai: mentre abbracci, sii presente; mentre ascolti, ascolta oltre le parole che vengono dette; mentre parli, lascia che il tuo vero sé comunichi senza paura; mentre guardi, osserva la bellezza che ti è intorno. La vita è meravigliosa, ma solo se cominci a viverla con presenza, comincerai a rendertene conto.

• SEGRETO n. 16: Quando sviluppiamo una forma di identificazione eccessiva, l'idea di noi stessi e l'archetipo in questione si cristallizzano. Ci identifichiamo con ciò che crediamo di essere e limitiamo non solo la nostra capacità di adattabilità e di flessibilità, ma anche la nostra naturale capacità di accedere al nostro infinito potenziale e, ovviamente, limitiamo la nostra capacità di cambiare.

• SEGRETO n. 17: L'essere umano fa parte della natura e, in quanto tale, anche esso è mutabile. Non resistere al tuo naturale cambiamento. Permettiti di diventare diverso da chi sei ora. Il cambiamento è l'essenza dell'evoluzione.

• SEGRETO n. 18: La nostra essenza è fatta di equilibrio. Quando sviluppiamo l'equilibrio nella nostra umanità si aprono le porte dei nostri talenti e del nostro potere personale.

Capitolo 4:
Il senso della vita

Dharma, karma e libero arbitrio

«Qual è il mio dharma? Qual è il mio karma?». Queste sono due delle domande che più ci vengono fatte durante i nostri incontri individuali o seminari di gruppo. Non possiamo parlare del dharma se non parlando anche del karma, perché questi due elementi sono aspetti non divisibili l'uno dall'altro proprio perché duali tra loro.

Si dice che il karma segua la legge secondo la quale tutto ciò che una persona fa, ritorna indietro, nel bene o nel male, in questa vita o in un'altra. Attraverso le nostre canalizzazioni (spiegheremo successivamente nel dettaglio cosa sono nel capitolo su "come comprendere i messaggi dell'anima") sono arrivate nuove informazioni che, se non stravolgono l'antica concezione, le apportano maggiori dati, ampliandone la portata. Il karma si crea quando si va oltre il dharma.

95

Prima di incarnarci sulla Terra, noi prendiamo accordi con le anime che incontreremo, le cosiddette "anime gemelle". Le anime gemelle sono le anime con le quali abbiamo vissuto più incarnazioni e che svolgono un ruolo importante di crescita nel nostro percorso. Non è detto che l'anima gemella sia un'anima che ti porterà soltanto esperienze positive, così come non è detto che le anime gemelle abbiano relazioni di carattere sentimentale di coppia. Le anime gemelle possono rivestire un'infinità di ruoli: i nostri familiari sono anime gemelle, i nostri partner sono anime gemelle, così come i nostri "nemici".

Come dicevamo, le anime gemelle non necessariamente svolgono un ruolo "amorevole", semplicemente le anime gemelle rivestono il ruolo più "utile" a vivere l'esperienza che la nostra anima viene a sperimentare sulla Terra. Gli accordi che vengono presi tra le anime gemelle prevedono "lezioni" che ci permetteranno, in quanto essere umani, di crescere, di apprendere di più, di essere al servizio per gli altri e per noi stessi.

Dalla prospettiva dell'anima, l'esperienza non è né positiva, né negativa, è neutrale. Siamo noi, in base alle nostre credenze e al vissuto personale che viviamo e giudichiamo un'esperienza positiva o meno.

SEGRETO N. 19: Per l'anima gli eventi non sono negativi o positivi, ma solo esperienze che permettono di manifestare la propria maestria.

Da questa prospettiva tutti i tipi di esperienze sono adatti a una nostra forma di crescita e le anime gemelle sono coloro che ci aiutano a "creare" il palcoscenico per la nostra storia. Poniamo l'esempio che ti accordi con una tua anima gemella per vivere l'abbandono e la povertà, vi incarnate e l'anima gemella rispetta il patto alla perfezione, facendoti vivere l'abbandono in uno stato di miseria.

Secondo la teoria prevalente, nel caso in cui una persona ci fa soffrire, questa è in debito con noi, ha creato karma. Appoggiamo per qualche minuto questa teoria e immaginiamo che tu e questa tua anima gemella vi ritroviate nei "piani superiori" una volta che la vostra incarnazione si è conclusa.

Immaginiamo che tu comunichi con questa tua anima gemella, dicendole che ti ha fatto soffrire la povertà e l'abbandono e che ora deve ripagare in qualche modo nella prossima incarnazione. La tua anima gemella non pagherà mai nulla, non è in karma con te, non è in debito. Sai perché? Perché ha fatto ciò che tu le avevi chiesto, ha rispettato un patto sacro tra le anime, magari ha sacrificato la sua luce terrena per essere una persona capace e disposta a lasciarti solo e in povertà. Perché quest'anima dovrebbe pagare per aver ottemperato a una tua richiesta?

E allora quando si crea il karma? E quando non si crea più? Il karma si crea quando non rispettiamo il nostro dharma. Per poter comprendere questo concetto, parliamo prima di cosa è il dharma: il dharma non è soltanto il nostro scopo nella vita, inteso quale lavoro sei venuto a svolgere qui.

Per le nostre credenze sociali, bisogno di essere utili e necessità di avere una "nostra" funzione che ci renda meritevoli di essere amati e considerati, identifichiamo il nostro scopo, la nostra missione, il nostro motivo sacro per cui abbiamo scelto di incarnarci nell'apporto socio-economico per la società, in poche parole con la nostra attività-prestazione lavorativa.

Quando le persone ci chiedono durante le sessioni di canalizzazione individuale "Qual è il mio dharma?" sembra quasi che si aspettino risposta alla fatidica e ossessiva domanda che ci viene posta sin da piccolissimi sul cosa fare da grandi. Tendiamo dunque a identificarci nel nostro essere socialmente utili, nel "lavoro" che ci rappresenta, dimenticandoci che siamo molto di più di questo e che l'aspetto lavorativo potrebbe essere solo uno degli aspetti che fanno parte del nostro dharma.

SEGRETO N. 20: Il dharma non è il lavoro che dovrai fare "da grande", ma l'insieme delle esperienze che l'anima viene a sperimentare su questo piano.

Il dharma inteso come scopo nella vita racchiude in sé tutti i patti, tutti i mini progetti, le informazioni dell'anima e tutto ciò che ti serve per portare a compimento ciò che hai deciso animicamente di fare qui sulla Terra in ogni ambito della tua vita. Il dharma è il percorso della tua anima e non è detto che sia rose e fiori.

Un concetto che viene utilizzato spesso per spiegare il dharma, nell'ambito new age e della spiritualità, è il concetto del "bene supremo". Il bene supremo è inteso come l'insieme degli aspetti che creano ciò che è meglio per te. Tuttavia il "meglio per te" induce spesso in confusione, creando nello scenario collettivo l'idea di bellissime esperienze che aiutano a creare la propria felicità.

Ma il bene supremo, nella visione di ciò che è meglio per te, rappresenta tutto ciò che è utile al tuo percorso animico e dunque l'insieme delle esperienze che ti aiutano a portare a compimento il progetto dell'anima e ciò non comporta necessariamente eventi facili e sereni. Il tutto dipende da cosa la tua anima è venuta a sperimentare qui.

Quest'ultimo aspetto fu per noi molto chiaro durante i nostri inizi nel percorso spirituale. Entrambi venivamo da percorsi completamente diversi e che ci davano tutto il sostegno di cui necessitavamo per vivere una vita tranquilla, agiata e serena, molto lontana e molto diversa da quello che facciamo oggi, ma le vie dell'anima sono strane, cambiano senza preavviso e a volte sembra di ritrovarsi dentro un fiume in piena a cui non puoi opporre resistenza e non ti resta altro da fare che abbandonarti alla corrente lasciandoti trasportare dalla "spinta".

Paul aveva in gestione un ristorante in Sardegna con ottimi fatturati, io studiavo legge all'università con lo studio legale di famiglia ben avviato e la possibilità di avere porte spianate nel mondo del lavoro. Entrambi vivevamo un percorso spirituale di crescita, ma in modalità passiva: seguivamo percorsi spirituali, ma era un qualcosa che facevamo prettamente per noi stessi. Anche se aiutavamo già gli altri a comprendersi, non avevamo ancora l'intento di entrare a capofitto in questo percorso per farlo diventare la nostra missione e il nostro lavoro.

Un giorno, durante una sua canalizzazione, Paul riceve il messaggio di lasciare la gestione del ristornate e di occuparsi di insegnamento spirituale. Io, Fabiana, comincio ad avere attacchi di panico e di ansia appena mi avvicino all'università. Paul sceglie di seguire il messaggio del corpo energetico e molla tutto, io scelgo di seguire il messaggio del corpo fisico e lascio l'università ed entrambi cominciamo a fare ciò che ci faceva sentire bene: cominciamo a tenere corsi di spiritualità.

Poco tempo dopo ci conosciamo, scatta la scintilla, decidiamo di fare un corso insieme e da lì non ci siamo mai più separati, viaggiando per il mondo per portare messaggi di aiuto e di speranza, per aiutare gli altri a comprendersi e per guarire sé stessi. Fino a qui sembra tutto una meraviglia e un dharma fatto di pura bellezza, eppure le prove e le lezioni che abbiamo dovuto superare sono state tante.

Abbiamo iniziato da zero: non avevamo contatti, tantomeno un sito. Entrambi eravamo abbastanza solitari, con difficoltà ad interagire con gli altri e con pochissimo denaro messo da parte. Abbiamo creato la nostra nuova realtà da soli, spostandoci continuamente da una città all'altra e non abbiamo mai avuto una casa fissa. Abbiamo fatto seminari anche solo con due partecipanti. Una volta ne venne soltanto uno. È stato molto spesso difficile e a volte tutto sembrava così tanto in contrasto con i messaggi canalizzati che ricevevamo da far pensare che era meglio lasciar perdere.

Eppure in tutte le canalizzazioni si parlava di insegnamento, di libri, di seminari, addirittura di accademie, ma eravamo in difficoltà, con tantissime spese da affrontare e con sempre la possibilità di tornare alla vecchia vita che ci offriva su un piatto d'argento la possibilità di un futuro agiato.

Una volta andammo in Perù per svolgere un lavoro con un gruppo di persone. In quel momento non avevamo vere e proprie difficoltà economiche anche se non navigavamo nell'oro. Per poter mantenere l'impegno preso con questo gruppo di persone che ci avevano chiesto di lavorare con loro decidiamo di anticipare la partenza e di rinunciare ad un weekend di lavoro in Olanda che ci avrebbe dato la tranquillità economica per un intero mese.

Nell'idea che la mancata entrata sarebbe stata bilanciata dal lavoro con il gruppo, partiamo. Arriviamo in Perù e per una serie di imprevisti abbiamo delle spese non calcolate molto ingenti. Il giorno dopo ci contattano gli organizzatori del gruppo di lavoro per dirci che per loro motivi personali saltava tutto. Non avevamo un contratto né alcunché a cui aggrapparci per far valere i nostri diritti e, per le spese impreviste, ci siamo ritrovati in una terra lontanissima senza lavoro, senza soldi e con la prospettiva di doverci rimanere ancora 20 giorni per i biglietti dei voli già acquistati.

Con i soldi contanti quasi finiti e con un lavoro saltato ci siamo dovuti arrangiare. Lasciammo l'albergo dove stavamo e andammo da una signora che affittava stanze. La casa aveva una cucina utilizzabile e questo ci permise di mangiare senza andare in ristorantini, cosa che tra l'altro non potevamo più permetterci.

Ci fu una sera in cui Paul si era messo a contare le monetine rimaste per poter fare la spesa il giorno dopo al mercato. Mi ricordo che piansi. Ebbi un crollo. Era tutto troppo pesante per me, figlia di buona famiglia che non ha mai dovuto pagare una bolletta perché pensava a tutto il papà. Mi ricordo che volevo andare via, tornare a casa, nel mio luogo sicuro e dimenticare tutto.

Non so cosa abbia provato Paul in quei momenti, ma sono certa che sia stato difficilissimo anche per lui. Sicuramente avrebbe voluto offrirmi qualcosa di più e sicuramente si sentiva in parte responsabile per me che avevo deciso di lasciare tutto per seguirlo e per fare percorsi insieme. Quella notte abbiamo sperimentato il dubbio, la rabbia, l'incertezza, ma anche la fiducia e la speranza che tutto si risolvesse.

Sebbene tutta la realtà intorno a noi sembrava mostrarci di essere sul percorso sbagliato, noi sapevamo e sentivamo che invece stavamo facendo la cosa giusta. Il dharma a volte è come quella "spinta" che ti fa andare avanti nonostante tutto. È quella vocina che ti dice di non mollare. È quella visione di te e del tuo futuro che non scompare. È il sapere che bisogna andare avanti, così come si sta facendo perché quella è la strada, la tua strada.

SEGRETO N. 21: Il dharma è la strada che ti conduce dove devi andare. Può avere delle buche, può avere sentieri tortuosi, ma è il tuo percorso.

Oggi, possiamo dire che abbiamo fatto bene a non mollare e che tutto ciò che sapevamo essere nel nostro dharma si è avverato. Non abbiamo ancora un posto fisso dove stare a causa dei nostri continui viaggi e non so quando lo avremo. Neanche mi interessa sapere più quando perché ho imparato che nel mio dharma c'è anche l'elaborare il controllo.

Ma facciamo dei seminari stupendi, abbiamo un'accademia di coaching e un'accademia per canalizzatori. Dei ragazzi straordinari che ci seguono e che vediamo crescere corso dopo corso e con cui camminiamo insieme in questo percorso di scoperta di sé. Non è stato facile, a volte non lo è ancora. Ma siamo nel dharma e questo basta a farci sentire felici. Tutto questo si collega anche ad aspetti karmici?

La risposta è sì, sicuramente si. Il karma è un effetto del dharma non allineato. Si produce da esso come una sorta di febbre che serve a espellere il virus per permettere al corpo di stare di nuovo bene. Da questa prospettiva possiamo dire che il karma è fortemente collegato al dharma così come il corpo energetico è collegato al corpo fisico.

La nostra vicenda in Perù è stata sicuramente dharmica perché contenente tutta una serie di lezioni che ci hanno fatto crescere moltissimo e ci hanno aiutato ad avere la fiducia incondizionata: la fiducia incondizionata è la fiducia che non si appoggia più sulla tua realtà esteriore, ma su quella interiore. Anche se tutto sembrava andare malissimo abbiamo avuto fiducia sia nelle nostre canalizzazioni, sia nelle nostre capacità che ci hanno permesso di uscire fuori dalla situazione difficile.

Così come l'avventura peruviana aveva elementi dharmici, aveva però all'interno anche elementi karmici che hanno "appesantito" le lezioni dharmiche. La vicenda del Perù aveva all'interno per noi tantissimi aspetti vecchi, che sapevamo avremmo dovuto elaborare da tempo. Una nostra tematica molto forte era, ed è in parte ancora oggi, la struttura e l'organizzazione. Si erano già presentate altre occasioni prima di quel viaggio in Perù per equilibrare queste tematiche, ma avevamo sempre evitato accuratamente ogni possibilità di diventare organizzati e strutturati.

Sicuramente con questi due aspetti equilibrati, alcune cose potevano andare molto meglio in Perù: forse avremmo avuto un contratto che ci avrebbe tutelato da disdette improvvise, forse non avremmo rinunciato al weekend in Olanda. Di certo non avremmo saltato tutte le lezioni, in particolare quelle connesse agli imprevisti, ma forse il viaggio (in tutti i sensi) sarebbe stato più semplice.

Ogni volta che un aspetto dharmico viene evitato, ogni volta che decidiamo di non prestare attenzione a un qualcosa che riconosciamo come importante per la nostra crescita, questo aspetto torna come karmico. Man mano che si continua a evitare di affrontare l'aspetto in questione, la lezione diventerà sempre più chiara. In termini umani ciò significa che la lezione diventerà sempre più difficile fino a quando non ti troverai "costretto" ad affrontare la lezione.

SEGRETO N. 22: Attraverso il karma, le esperienze dharmiche non portate a termine tornano. Il karma è il dharma che eviti attraverso il tuo libero arbitrio e che ti ritorna indietro rafforzato.

L'anima, attraverso il karma, fa accadere nella vita dell'essere umano qualcosa che gli dà l'opportunità di rientrare nel suo percorso dharmico. Hai mai fatto caso che spesso una tua particolare situazione si ripete e si ripete ancora? Cambiano i tempi, le persone, le vicende, ma il fulcro della situazione è sempre lo stesso. Pensaci. Ti è mai capitato di pensare o di dire «mi capita sempre la stessa cosa!», oppure «ogni volta finisce sempre così», oppure «ma perché sempre a me» ecc.? In questi casi c'è una lezione che si sta riproponendo, un evento che sta tornando affinché lo superi, affinché lo elabori per passare allo step successivo.

Fermati ogni tanto per esaminare cosa nella tua vita si ripropone continuamente e comincia a vivere la lezione con uno spirito diverso. La consapevolezza è il primo passo verso la pace interiore e siamo certi che ogni essere umano ha tra i suoi più grandi desideri quello di essere felice. Siamo sicuri che anche tu hai questo stesso desiderio.

Quanti nodi si scioglierebbero nella tua relazione con gli altri, con te stesso e con la realtà se ti focalizzassi sulla tua crescita personale? Quanto cambierebbe l'approccio a situazioni "complicate" se cominciassi a guardarle da una prospettiva di esperienze evolutive e di opportunità di miglioramento? Non ti aiuterebbe a vivere la vita con maggiore semplicità? Non ti aiuterebbe a smetterla di lottare e combattere contro un mulino a vento come faceva Don Chisciotte?

Ovviamente la consapevolezza, sebbene sia il primo passo, non è di per sé sufficiente a cambiare le cose. È necessario applicare ciò che si sa: è l'applicazione che trasforma le tue situazioni e la tua vita. L'informazione segna la strada, l'applicazione la percorre. Solo unendo i due aspetti è possibile manifestare il cambiamento profondo. Non fermarti a capire cosa si muove dentro di te, osa entrarci dentro, mettici le mani e sporcatele. Puoi trasformare solo ciò che tocchi perché lo riconosci come reale e lo accetti così com'è. Quando lo hai tra le mani, attraverso le tue conoscenze, plasmalo, cambiagli la forma e trasmutalo in ciò che vuoi.

In un nostro cerchio sciamanico, una delle nostre partecipanti ha condiviso la sua esperienza. Veniva da settimane intense, ricche di "lezioni" e situazioni turbolente che l'avevano messa a dura prova e che stavano ancora producendo "effetti" emotivi. Ha raccontato che il suo viaggio sciamanico durante il cerchio si è diviso in due parti. Nella prima parte stava bene, era serena. Era perfettamente consapevole della situazione che l'attendeva una volta tornata a casa, ma stava scegliendo di vivere con gioia il momento presente e di rimanere connessa con l'amore e con il potere di lasciar andare ciò che non può essere cambiato.

Non aveva più paura. Vedeva i problemi, ma non si identificava con loro. Le sue emozioni rimanevano positive, di profonda leggerezza, si sentiva in poche parole completamente equilibrata. Nella seconda parte invece, la situazione che l'aspettava una volta tornata a casa l'ha travolta. Le emozioni si sono fatte cupe, le preoccupazioni le attanagliavano la mente e non riusciva più a lasciar andare. Si era identificata con i problemi, viveva attraverso di essi e ragionava attraverso questi filtri. Tutto il benessere vissuto nella prima parte del cerchio sciamanico era sparito.

Abbiamo così canalizzato per rispondere a suoi dubbi e le risposte erano collegate alla sua lezione dell'anima che per quel periodo della sua esistenza, era legata alla gestione dello stress e degli eventi esterni e l'attaccamento al passato. Riportiamo qui una piccola parte della canalizzazione per rendere più chiaro ciò che intendiamo dirti:

«Vedi? Durante questo cerchio hai avuto la possibilità di osservare due modalità con cui poterti approcciare ad una tematica che è già presente, è già creata e che non può essere distrutta o cancellata con la bacchetta magica. Hai dunque due possibilità: Puoi scegliere se rimanere incastrata nei meccanismi limitanti della tua mente, puoi scegliere di rimanere attaccata alle preoccupazioni, puoi scegliere di far sì che queste ti travolgano, travolgendo anche tutto ciò che è intorno a te.

Puoi far sì che questi problemi si estendano su ogni ramo della tua vita, puoi scegliere di perdere il senso della bellezza, della gratitudine, perché tutto ormai è diventato nero, rinunciando a momenti positivi di leggerezza. Puoi far sì che questi problemi distruggano ogni tuo senso di benessere, anche quello vissuto pochi minuti prima. Oppure... Puoi scegliere di affrontare queste tematiche attraverso uno spirito completamente diverso, che ti fa rimane connessa al tuo potenziale interiore senza intaccarlo, ma invece rafforzandolo.

Il problema non è una sfida, non è una battaglia, è un'opportunità di crescita che ti può insegnare l'accettazione, il seguire il flusso e perché no, il lasciar andare un qualcosa che appartiene al vecchio e che non è più in risonanza con te. Cosa scegli? Con cosa ti vuoi identificare? Con l'ansia, con la preoccupazione, con il senso di fallimento? O con il cambiamento, con la leggerezza, con il flusso e con la gioia?».

La vita è meravigliosa e se riusciamo a guardare con occhi diversi ciò che ci circonda, se riusciamo a vivere con senso di consapevolezza gli eventi e le persone che chiamiamo nella nostra esistenza, se riusciamo amorevolmente ad accettare, se riusciamo a responsabilizzarci e a creare consapevolmente la nostra evoluzione, quanto saremmo più sereni, più gioiosi, più felici?

SEGRETO N. 23: Ciò che ci libera dal karma è soltanto l'allineamento con il dharma ed è qui che entra in gioco il ruolo del libero arbitrio e la tua possibilità di scelta.

Il libero arbitrio è un grandioso altro strumento che hai a disposizione per semplificarti la vita e renderla meravigliosa.

Attraverso di esso scegli di allinearti al dharma, oppure no. Se sceglierai di non allinearti, l'anima metterà a tua disposizione infinite possibilità di rientro dharmico ogni volta che entrerai in un campo energetico karmico.

Arriveranno persone, "coincidenze", eventi che ti porteranno a dubitare su una tua scelta o ad avere la possibilità di tornare indietro e avviarti verso un'altra strada. La tua anima prenderà accordi durante l'incarnazione affinché, sul piano di incarnazione umana, ti si dia un'altra visuale, un'altra opportunità, la possibilità di "rimediare" e di rientrare nel percorso dharmico.

Se con il tuo libero arbitrio rifiuterai, la tua anima opererà ancora e ancora per darti fino all'ultimo istante la possibilità di essere nel percorso dharmico e se sceglierai di volta in volta di rifiutare l'offerta animica, accumulerai il karma che andrai poi a riequilibrare in altre incarnazioni.

SEGRETO N. 24: Il principale karma che crei è quello con te stesso.

Se non superi una lezione/esperienza, essa si riproporrà in continuazione, con persone o eventi diversi, finché non comprendi e elabori la lezione/esperienza che hai scelto. È quello che accade anche nel caso delle ferite del bambino interiore. La ferita si continuerà a proporre fino a quando non ti deciderai a curarla. Se il bambino interiore ha vissuto la ferita dell'abbandono e non l'ha equilibrata, molto probabilmente richiamerà l'abbandono ovunque, con qualunque persona e in qualunque situazione. Lo stesso vale per il tradimento.

Prova a osservare per esempio le tue dinamiche relazionali. C'è un evento, una situazione che si ripete identica con ogni persona? Nel caso la risposta sia sì, sei di fronte a una lezione dell'anima che è da elaborare. Ricorda che hai la capacità di affrontare qualsiasi lezione.

Gesù diceva che non ci viene mai dato di più di ciò che le nostre spalle possono sopportare. Ed è così per qualsiasi lezione abbiamo scelto di vivere: abbiamo tutti gli strumenti, tutte le capacità per potercela fare.

Perché si entra in karma e non si rimane nel dharma? Si entra in karma a causa dei sabotaggi. In base alla nostra esperienza con le persone che si sono rivolte a noi, anche nell'aspetto del riallineamento dharmico gioca tantissimo la paura del cambiamento. Ti ricordiamo che la paura del cambiamento è dettata dal fatto che molto spesso questo ci porta verso qualcosa che non conosciamo.

Il nuovo rappresenta lo sconosciuto, l'incerto, ciò che non potrebbe durare, ciò che non si conosce e sebbene sembri che porti una situazione molto più positiva e ricca di bellezza, il nostro inconscio si muoverà in tutti i modi per bloccare il cambiamento. Questi modi prendono il nome di "sabotaggi".

I sabotaggi sono le resistenze che il nostro sistema, conscio e/o inconscio, pone in atto per "resistere" ed "evitare" il cambiamento. I sabotaggi possono manifestarsi in tantissimi modi. È impossibile elencarli tutti. Il nostro inconscio è altamente creativo e crea tantissimi tipi di sabotaggi "canalizzati" e "perfettamente ad hoc" per la persona interessata.

A volte i sabotaggi prendono anche una forma o circostanza positiva. Il sabotaggio positivo è una delle tecniche più fini e furbe che il nostro inconscio usa per poter bloccare il processo evolutivo. La maggior parte di noi è abituata a pensare che i sabotaggi sono solo eventi negativi che ci portano a bloccare il nostro processo, ma non è così.

I sabotaggi più astuti sono proprio quelli positivi, quelli che apparentemente non portano alcun blocco, ma solo meraviglia e bellezza alla nostra giornata. Così tanta bellezza e meraviglia da farci completamente dimenticare o distaccare dal nostro proposito di auto-guarigione.

Facciamo ora un piccolo esempio: Giovanni ha deciso di portare in sé l'auto-guarigione e il cambio credenze inconsce attraverso la ripetizione di affermazioni potenzianti. Per creare delle nuove credenze/sinapsi, ha il compito di ripeterle costantemente tutti i giorni per un periodo di 51 giorni. Giovanni sa che se salta un giorno, interrompendo il processo, sarà poi necessario ripeterlo, poiché saltando un giorno del periodo minimo di nuova installazione di credenze positive e potenzianti, le vecchie sinapsi bloccanti prendono di nuovo il sopravvento.

Siamo al giorno 50. È primavera e c'è una bellissima giornata di sole. Il meteo prevede che la temperatura sarà dolcissima per minimo altri 3 giorni. Giovanni decide di prendersi un po' di riposo e organizza con la sua compagna due giorni in tenda su una bellissima montagna.

Giovanni, che ha già ripetuto diligentemente e costantemente le affermazioni ogni giorno, prepara il suo zaino. È talmente previdente e attento che per sicurezza porta con sé il quaderno con le affermazioni scritte per evitare che qualche sabotaggio negativo (di cui sa già) lo porti improvvisamente a dimenticare l'affermazione. Sereno e felice si prepara a vivere questa bellissima giornata.

Lui e la compagna passano l'interno giorno a passeggiare e riposare, mangiando all'aperto e godendo delle meraviglie che la natura della montagna generosamente gli offre: il sole piacevolmente caldo, il canto degli uccelli, il gorgoglio dell'acqua tra le rocce del fiume che cade in tante piccole cascate, il crepitio del legno che brucia nel fuoco mentre la luna e le stelle creano un'atmosfera magica...

È ormai sera, la tenda è pronta e Giovanni sa che deve fare le affermazioni. Non se n'è dimenticato. La compagna è stanca e gli chiede se vuole stendersi solo un minutino a fianco a lei per stare l'una nelle braccia dell'altro. Giovanni si stende, abbraccia la compagna, si gode il momento e senza accorgersene, si addormenta. Quando si sveglia è ormai quasi l'alba, siamo al giorno 51... ma tutto è da ricominciare d'accapo perché nel giorno 50 l'affermazione è saltata.

Questa è solo una delle infinite possibilità e variabili che il nostro inconscio può utilizzare per rimanere nello status quo. Anche le emozioni giocano un ruolo fondamentale. L'inconscio può dare inizio a una serie di stati sbilanciati e di emozioni disequilibrate soprattutto quasi alla fine di un percorso evolutivo. È come se usasse tutta la sua forza nella sua ultima battaglia per la tutela del suo mondo che non vuole sia toccato e modificato.

Ovviamente il fatto che l'inconscio abbia una prevalenza energetica così forte, non significa che sia invincibile e che siamo sopraffatti costantemente dai suoi schemi. Noi abbiamo la possibilità di cambiare la realtà. La realtà è soprattutto il nostro mondo interiore. Cambiando noi stessi, cambiamo la nostra realtà, inviando nell'Universo frequenze nuove che attraggono e richiamano aspetti risonanti con esse.

La miglior tecnica è la costanza. La costanza che si unisce con la disciplina e con la consapevolezza che i sabotaggi possono manifestarsi in tanti modi. Se nella tua pratica di auto-guarigione sono presenti esercizi, come affermazioni potenzianti, punti di equilibrio emozionale, meditazioni e così via, ti consigliamo di farli sempre a prima mattina.

Durante la giornata potrebbero accadere degli impedimenti che potrebbero bloccarti o farti dimenticare dei tuoi esercizi. Prova a mettere la sveglia una mezz'oretta prima, fai questo minuscolo sforzo per la tua auto-guarigione. Ciò può apparirti come un piccolo gesto, ma sono proprio questi atti di cura verso te stesso, che possono fare la differenza nel tuo percorso di auto-guarigione. Ricordati: la cosa più importante è il tuo benessere.

RIEPILOGO DEL CAPITOLO 4:

• SEGRETO n. 19: Per l'anima gli eventi non sono negativi o positivi, ma solo esperienze che permettono di manifestare la propria maestria.

• SEGRETO n. 20: Il dharma non è il lavoro che dovrai fare "da grande", ma l'insieme delle esperienze che l'anima viene a sperimentare su questo piano.

• SEGRETO n. 21: Il dharma è la strada che ti conduce dove devi andare. Può avere delle buche, può avere sentieri tortuosi, ma è il tuo percorso.

• SEGRETO n. 22: Attraverso il karma, le esperienze dharmiche non portate a termine tornano. Il karma è il dharma che eviti attraverso il tuo libero arbitrio e che ti ritorna indietro rafforzato.

• SEGRETO n. 23: Ciò che ci libera dal karma è soltanto l'allineamento con il dharma ed è qui che entra in gioco il ruolo del libero arbitrio e la tua possibilità di scelta.

• SEGRETO n. 24: Il principale karma che crei è quello con te stesso.

Capitolo 5:
Come comprendere i messaggi dell'anima

Come possiamo sapere cosa l'anima ha scelto di sperimentare in questa incarnazione? Come la nostra anima comunica con noi? La risposta risiede nelle "forme di chiaro". Partiamo dalla premessa che siamo tutti dei sensitivi e che ognuno di noi ha quattro forme di chiaro: chiarosenzienza, chiaroudienza, chiaroveggenza, chiaroconoscenza. Queste forme di chiaro sono gli strumenti che la nostra anima e il campo energetico utilizzano per comunicare con noi.

Siamo abituati a credere che le forme di chiaro siano un qualcosa di para-normale, di sovra-naturale. Ciò accade perché intendiamo queste capacità come rare, difficili da raggiungere e soprattutto, le intendiamo unicamente nel senso stretto della parola.

Ad esempio, come chiaroveggenza, tendiamo a pensare che sia unicamente la capacità di vedere l'invisibile (entità, defunti, altre incarnazioni, aura, ecc.) e che quindi i chiaroveggenti siano pochi, pochissimi eletti che hanno il "dono". Ma non è propriamente così. Non esiste *il* chiaroveggente. Ognuno di noi è già chiaroveggente di suo e a modo suo.

SEGRETO N. 25: Le "capacità" non sono para-normali, ma normali, semplici e soprattutto umane e le sperimenti continuamente ogni giorno, anche se non lo sai.

Ognuno di noi ha almeno una delle quattro forme abbastanza pronunciata, in modo consapevole o inconsapevole e la nostra anima comunica con noi in una modalità molto semplice e chiara attraverso una o tutte queste quattro forme. Il gioco, e la soluzione al tempo stesso, è rimanere presenti a ciò che ci accade. A quel punto, comprendere i messaggi diventa semplicissimo.

Esaminiamo ora, una a una, le quattro forme di chiaro e scopriamo infine in che modo la nostra anima può interagire con te in combinazione con ogni tipologia di forma. Questo capitolo può essere inoltre anche vissuto come un gioco per comprendere in quale forma di chiaro ti riconosci di più.

La chiarosenzienza

La chiarosenzienza risiede energeticamente nel chakra del cuore ed è la capacità di "percepire" l'energia. Chi ha sviluppata la forma di chiarosenzienza ha la capacità naturale di poter percepire fisicamente l'energia che lo circonda: riesce a "sentire" l'energia dei luoghi, degli spazi, delle persone.

I chiarosenzienti sono empatici di natura e spesso hanno capacità innate di aiutare gli altri attraverso l'invio di energia (i cosiddetti trattamenti energetici). Il corpo diventa il canale principale e hanno il dono di riuscire a trasmettere attraverso di esso tantissima energia. Molti massaggiatori/trici, ad esempio, sono in realtà dei chiarosenzienti, spesso senza sapere di esserlo. I chiarosenzienti in particolare hanno la capacità di riuscire a sentire le emozioni dell'altro.

Questa capacità, se equilibrata, può portarli a comprendere l'altro, a poterlo sostenere, a potergli dare il giusto consiglio perché sanno perfettamente di cosa la persona ha bisogno in quel momento.

D'altra parte, un uso non equilibrato (consapevole o non consapevole) di questa forma di chiaro, può portare i chiarosenzienti a prendersi sulle loro spalle le emozioni degli altri, le vivono come proprie. Anche l'energia di un determinato luogo può essere vissuta intensamente nello spazio interiore del chiarosenziente.

In questi casi, la frase tipica di un chiarosenziente sbilanciato in un luogo energeticamente pesante è: «è troppo, mi manca l'aria, non ce la faccio a rimanere qui, ho bisogno di uscire». Nella forma della chiarosenzienza, l'anima comunica attraverso il corpo della persona. Ecco dei semplici esempi: brividi, irrigidimenti muscolari, percezione di soffi, cambiamenti della temperatura corporea, percezione del cambiamento energetico personale o dello spazio, percezione del cambiamento della temperatura in un determinato luogo.

In base alla prima emozione che si sviluppa subito dopo alla percezione, il chiarosenziente sa se il messaggio è positivo o negativo. Se ti sei ritrovato e riconosciuto in questa forma di chiaro puoi cominciare a usare queste tue capacità per ricevere risposte alle tue domande o per poter entrare in contatto con l'energia.

Prova ad esempio a porre una domanda (ovviamente ponila in uno stato di rilassamento e di centratura affinché possa essere più semplice "percepire" la risposta) e osserva le sensazioni corporee che si sviluppano. I muscoli si rilassano o si irrigidiscono? Nascono brividi sulla schiena o su altre parti del corpo? Le emozioni che si sviluppano successivamente alla risposta corporea sono positive o negative? È proprio come un gioco, sperimenta.

Ti ripetiamo, ognuno di noi è un sensitivo, con un po' di pratica e fiducia, entrare in contatto consapevole con la tua anima e, volendo, con le energie di luce diventa semplice.

SEGRETO N. 26: Il tuo corpo è ricettivo. Mettiti in ascolto e impara a seguirlo.

La chiaroudienza
La chiaroudienza risiede nei chakra delle orecchie ed è la capacità

di "udire" la propria "voce interiore" (quindi una voce il cui suono è interno alla mente) o di udire una voce/suono esteriore che porta un messaggio per sé stessi o per gli altri. Parliamo anche di suono perché nella chiaroudienza si manifesta la capacità di udire non soltanto parole: i chiaroudienti hanno anche la capacità di udire frequenze, musica, suoni e vibrazioni delle "alte sfere".

I chiaroudienti (consapevoli e non) hanno in particolar modo la capacità di cogliere il messaggio sotto la forma uditiva. Sono degli eccezionali ascoltatori anche se prediligono il silenzio alla confusione. Avendo orecchie particolarmente sensibili, preferiscono luoghi non troppo affollati e amano il contatto "uditivo" con la natura. Hanno una predilezione per qualunque suono naturale o armonico.

Anche se non hanno raggiunto un livello di apertura tale del canale da essere in grado di poter udire la voce interiore/esteriore/suono delle alte sfere, i chiaroudienti hanno un'innata capacità di "cogliere" il messaggio attraverso qualunque contatto uditivo. Sono in grado di cogliere frammenti di conversazione di altre persone che sono in perfetta risposta a ciò che stavano pensando, l'attenzione si focalizza "magicamente" su una canzone che passa per la radio che parla proprio della loro situazione e così via.

Ed è proprio con questi strumenti (o similari) che l'anima e qualunque altra energia universale comunica con l'essere umano a livello di chiaroudienza. Il messaggio uditivo diventa il mezzo per portare la risposta. Ripetiamo che non è fondamentale riuscire a udire la "voce" esterna delle energie di luce per poter credere di essere un chiaroudiente.

Ricorda che l'Universo opera in modo semplice, attraverso strumenti semplici e che una canzone, una frase ascoltata per caso, possono avere un valore profondissimo. Non è la "forma" del messaggio l'origine del problema. L'origine del problema risiede nella nostra insicurezza, nei nostri sabotaggi, nella nostra procrastinazione, nella nostra resistenza ad aprirci al messaggio stesso. Apriti al messaggio qualunque forma assuma e se non sei sicuro, metti alla prova il messaggio stesso. Applicalo. Così da una parte andrai oltre la tua insicurezza e dall'altra, non procrastini.

SEGRETO N. 27: Non dare per scontata nessuna forma di chiaro. A volte i messaggi arrivano all'improvviso. Rimani "in ascolto", non sottovalutare la tua capacità di ascoltare.

La chiaroveggenza

La chiaroveggenza è la capacità di "vedere" la realtà, visibile e/o invisibile e risiede energeticamente nel terzo occhio, tra le due sopracciglia. Anche qui si sfatano tanti miti. Il chiaroveggente non è unicamente colui che riesce a vedere ciò che è impercettibile all'occhio nudo. Perché abbiamo scritto che la chiaroveggenza è la capacità di vedere la realtà visibile e/o invisibile?

La chiaroveggenza è anche la capacità di riuscire a vedere la realtà per quella che è, senza che la mente con i suoi filtri intervenga a dare una visione distorta. In questo caso parliamo di chiaroveggenza tridimensionale che rappresenta proprio la capacità di vedere la realtà esattamente così com'è nonostante i filtri, le programmazioni e gli sbilanciamenti che la persona può avere al momento.

Può sembrare cosa da poco, ma riflettendoci un po', quanti di noi fantasticano, parlano, scelgono, unicamente in base ai nostri filtri mentali? Quante volte ci siamo resi conto che la realtà non è esattamente come la vedevamo noi? Quante volte ci siamo resi conto che era necessario cambiare prospettiva?

La chiaroveggenza tridimensionale offre nell'immediato la prospettiva migliore al momento offrendo alla persona una visione chiara di come sono le cose. Altre modalità di chiaroveggenza sono poi l'intuizione, i sogni, la visione del mondo invisibile e la capacità di cogliere visivamente il messaggio in ciò che ci è intorno.

L'intuizione è una risposta visiva, immediata a una domanda che ci siamo posti. Ci hanno chiesto più volte come mai si fa rientrare l'intuizione nella forma di chiaroveggenza piuttosto che nella forma di chiaroconoscenza. L'intuizione si manifesta come un'immagine visiva, per questa ragione viene inserita nella chiaroveggenza. Poniamo un piccolo esempio: sei in procinto di costruire un sito professionale e non sai a chi rivolgerti. Mentre stai pensando a come fare, improvvisamente ti viene in mente un tuo amico che ha costruito un sito bellissimo e a cui puoi rivolgerti per chiedergli quale programmatore lo ha aiutato.

Il "venire in mente" si traduce in un'immagine: in una frazione di secondo appare nella tua mente l'immagine (la visione) di questo caro amico che sicuramente ha informazioni per te. Per questo parliamo di chiaroveggenza. L'intuizione è una visione brevissima e istantanea come lo scatto di una fotografia che ferma in un'immagine la soluzione al tuo quesito.

Anche i sogni sono tra le modalità della chiaroveggenza. I sogni possono essere elaborazioni della giornata, del passato e qualche volta anticipano ciò che accadrà. A volte nei sogni si manifestano anche defunti o immagini simboliche. I sogni possono comunicarti una necessità di pulizia o di elaborazione di eventi o relazioni del tuo passato che emettono ancora frequenza in te o magari ti si sta comunicando che sarebbe meglio interrompere con i film per qualche giorno perché il tuo sistema mentale/emozionale è in sovraccarico.

A volte vengono offerti nei sogni aiuti, suggerimenti, intuizioni, nuove prospettive. Sarebbe molto utile dopo una notte di sogno vivido andare nella trascrizione prima che svanisca il ricordo per comprendere e memorizzare qual è il messaggio. Nel caso in cui il messaggio non fosse chiaro, non preoccuparti. Per l'anima è importante che il messaggio sia per te comprensibile: se il sogno non è sufficiente a farti recapitare il messaggio, si troveranno altre vie attraverso cui far passare l'informazione affinché ti arrivi nella modalità più semplice e chiara possibile.

La capacità di visione dell'invisibile è la chiaroveggenza "ritualistica". Il chiaroveggente riesce a vedere attraverso l'occhio fisico e/o l'occhio energetico campi energetici, energie, altre incarnazioni, ecc. È il tipo di chiaroveggenza più conosciuto e riconosciuto come tale e proprio a causa di questa eccessiva enfasi alla chiaroveggenza in senso stretto si sono creati pensieri limitanti, programmazioni negative e il senso di irraggiungibilità di questa capacità.

Addirittura la chiaroveggenza in senso stretto viene anche considerata come la più importante forma di chiaro dimenticando o non sapendo che spesso le visioni possono essere simboliche, senza linea di tempo e di spazio e che non è in realtà sempre così umanamente chiaro il messaggio.

È sicuramente bellissimo ed emozionante riuscire a vedere gli angeli, l'aura e le persone a noi care che non ci sono più, ma ricorda che ogni persona ha tutti gli strumenti per entrare in connessione consapevole con ciò che si crede invisibile e che può essere più soddisfacente (nonché utile) ricevere il messaggio in una forma di chiaro al momento più appropriata per te piuttosto che intestardirsi dietro a una particolare forma di chiaro che al momento non è eccezionalmente aperta, perdendo poi il messaggio d'amore e di aiuto che è importante che tu riceva in questo momento.

Infine coloro che hanno capacità di chiaroveggenza riescono a cogliere il messaggio visivo. La capacità di focalizzazione visiva è sicuramente una qualità dei chiaroveggenti. Hanno una predisposizione a cogliere i dettagli e solitamente sono provvisti di un'eccezionale memoria (soprattutto visiva). Se i chiaroudienti ricevono messaggi ad esempio catturando un frammento di conversazione altrui che fa proprio per il loro caso, il chiaroveggente "vede" il messaggio.

I suoi occhi riescono sempre a focalizzare l'attenzione su un'immagine, simbolo, frase che risponde alla propria domanda. Ciò può accadere aprendo una pagina di un libro a caso che riporta la risposta, leggendo uno slogan pubblicitario camminando per strada, osservando l'interazione tra persone che gli sono intorno e così via.

Tutte queste modalità: intuizione, visione tridimensionale, visione ritualistica, sogni, messaggi visivi, sono gli strumenti che la nostra anima e le energie di luce usano per portare i loro messaggi e per darci le risposte di cui necessitiamo attraverso il canale della chiaroveggenza. Anche in questo caso prendila come un gioco e prova a chiedere rimanendo nell'osservazione.

Esercitandoti sulla focalizzazione andrai inoltre a sollecitare il terzo occhio che comincerebbe così a muovere più energia. Non a caso, uno degli esercizi per migliorare la capacità di visione, anche quella ritualistica, è proprio fare esercizi di focalizzazione attraverso l'utilizzo degli occhi fisici. L'occhio energetico e gli occhi fisici sono ovviamente collegatissimi e una pratica sugli uni, porta la pratica sull'altro.

SEGRETO N. 28: Puoi vedere di più di quanto credi. Comincia col guardare te stesso senza filtri. Uno dei modi per ampliare la tua capacità di visione è quella di cominciare ad accettare ciò che potresti scoprire guardando.

La chiaroconoscenza

La chiaroconoscenza (o chiarocognizione/chiarosapienza) è la capacità di ricevere il messaggio sotto forma di "idea" o di "acquisizione di consapevolezza". È la capacità di "sapere" dall'Universo, Fonte, Dio (o in qualunque modo lo si desidera chiamare) un'informazione precisa in merito a una persona, situazione o evento, senza che il canalizzatore sappia di suo alcunché, attraverso il suo chakra della corona.

Chi ha capacità di canalizzazione attraverso il chakra della corona, solitamente è una persona molto sensibile sul piano energetico, predisposta all'aiuto ed è un ottimo consigliere.

Riesce ad ascoltare gli altri senza andare in aspetti di giudizio riuscendo a fornire una prospettiva diversa, positivamente distaccata, focalizzandosi sul nocciolo della situazione e offrendo un consiglio imparziale.

Ci sono due tipi principali di canalizzazione di chiaroconoscenza: la canalizzazione ritualistica e la canalizzazione istantanea. La canalizzazione ritualistica è una capacità che porta il canalizzatore a essere in grado di entrare in contatto consapevolmente con una particolare frequenza energetica e di lasciare che questo tipo di frequenza parli attraverso la propria voce.

Il canalizzatore, in base a quanto riesce a lasciarsi andare, potrebbe non essere in grado di ricordare quanto detto o di ricordarlo solo in minima parte. Il messaggio che viene comunicato non viene elaborato a un livello propriamente consapevole, non si ha la piena coscienza di ciò che si sta dicendo.

L'informazione esce come da sola, è un flusso di parole che non è possibile controllare o che si controlla in pochissima parte.

Essendo un percorso consapevole, il canalizzatore "ritualistico" prima di dare inizio alla canalizzazione si prepara, si centra, richiede sostegno e protezione alle energie di luce, chiude gli occhi (ma potrebbe anche essere a occhi aperti) e comincia la canalizzazione.

Il canalizzatore può richiedere di entrare in contatto con un particolare tipo di energia (ad esempio un particolare Angelo o Maestro asceso) o lasciare che da sola si manifesti (in questo caso è sempre consigliabile richiedere la protezione).

È importante sottolineare che nella canalizzazione ritualistica, il canalizzatore non perde coscienza di sé e non va in viaggio astrale (questo è ciò che accade durante l'incorporazione, ma non se ne parlerà in questa sede). È sempre completamente presente a sé stesso e conscio di ciò che accade. Semplicemente i messaggi si manifestano attraverso la sua voce.

La canalizzazione istantanea è invece una forma di canalizzazione che utilizziamo spessissimo senza rendercene quasi mai conto. Come per le altre forme di chiaro, anche in relazione alla chiaroconoscenza c'è tantissima mistificazione e idealizzazione perché viene continuamente proposta l'idea di una canalizzazione che prevede una persona seduta o stesa, a occhi chiusi, completamente nel flusso che permette a un'energia di parlare attraverso di lei (la canalizzazione ritualistica).

La canalizzazione istantanea è infinitamente semplice. Soltanto entrando in un flusso comunicativo, il canalizzatore inconsapevole si ritrova a consigliare, spiegare, comunicare su un qualcosa di cui non è effettivamente a conoscenza con estrema naturalezza, arrivando a conclusioni illuminanti per chi ascolta. Il canalizzatore istantaneo o naturale, ha la capacità di colpire nel segno.

Solitamente chi ascolta, si ritrova ammutolito, spiazzato, rendendosi conto di essere di fronte ad un'informazione che è proprio adatta a lui. Tutto questo avviene senza un rituale di preparazione (cosa che accade per la canalizzazione ritualistica), senza chiudere gli occhi o sedendosi in una particolare posizione yoga.

La canalizzazione istantanea si manifesta solitamente durante una chiacchierata o, perché no, durante tutti i discorsi che ci facciamo di fronte allo specchio o parlando con noi stessi. L'aspetto che accomuna le due forme di canalizzazione è che l'informazione che viene canalizzata è estranea al canalizzatore. Ciò che dice non è di sua conoscenza, semplicemente gli "arriva" e sa che "è così" e solitamente si accorge che "è così" anche chi sta ascoltando.

SEGRETO N. 29: L'informazione è già dentro di te poiché tu stesso sei informazione e un flusso energetico infinito. Scegliendo di connetterti consapevolmente a questa parte di te, ti connetti al Tutto.

Ora che abbiamo appreso le quattro forme di chiaro, rimane da comprendere come la nostra anima e le energie universali utilizzano queste quattro forme per entrare in comunicazione. Questa comunicazione avviene attraverso l'inconscio.

L'inconscio oltre a essere il luogo dove risiedono le credenze, le paure, le sinapsi, le memorie, è anche il portale attraverso cui il nostro corpo energetico fa passare il messaggio dell'anima per renderlo consapevole sul piano umano. L'inconscio è la parte di noi più reattiva, più condizionante e al tempo stesso più sensibile a ciò che accade e a ciò che c'è, a livello visibile e al livello invisibile.

Proprio questa sua sensibilità gli permette di essere ricettivo ai messaggi che le energie universali e la nostra anima inviano di continuo. L'informazione passa dal corpo energetico nel nostro inconscio e attraverso la forma di chiaro più aperta, sensibile e reattiva al momento, prende una forma consapevole che la nostra parte conscia riesce dunque a consapevolizzare.

È importante comprendere che ciò accede di continuo, molto più spesso di quanto pensi. Almeno una volta nella vita hai avuto un'intuizione, un sogno particolare, ascoltato una frase che ha dato un senso particolare a una situazione, percepito una sensazione o saputo cosa esattamente fare in una certa circostanza. Proprio per questo motivo siamo tutti sensitivi. Certo, il livello di ampliamento canale può variare, ma non esiste una persona che non abbia la possibilità o capacità di utilizzare queste forme di chiaro. Le forme di chiaro operano incondizionatamente.

Un grande monaco, e soprattutto un nostro grande amico, una volta ci ha detto «il respiro semplicemente accade». Le forme di chiaro sono come il respiro. Il respiro c'è, accade. È un qualcosa che si svolge senza che tu ne sia sempre consapevole. Ciò è valido anche per le forme di chiaro. Le forme di chiaro ci sono, accadono, che tu ne sia consapevole oppure no.

Non c'è nulla di paranormale, nulla di sovrannaturale e dovremmo magari riflettere sul perché utilizziamo questi termini per definire un qualcosa che invece è dentro di noi e si manifesta naturalmente proprio come il respiro.

Nei nostri seminari e ritiri insegniamo e affermiamo che è più importante avere domande che ricevere risposte. Speriamo che questo libro, che per noi è una testimonianza di parte di ciò che abbiamo canalizzato e vissuto con le nostre esperienze negli ultimi anni, sia per te fonte di domande.

Perché le domande ci fanno mettere in discussione, ci fanno evolvere, ci spingono oltre ciò che crediamo di sapere, ci conducono nell'ignoto dove possiamo scoprire qualcos'altro in più di noi, che non ci limita e che non ci confina ma che invece sposta l'orizzonte un po' più in là, verso l'infinito, che è ciò che noi siamo. Grazie per averci accompagnato in questo viaggio.

Con amore,

Fabiana e Paul-Stefan.

RIEPILOGO DEL CAPITOLO 5:

• SEGRETO n. 25: Le "capacità" non sono para-normali, ma normali, semplici e soprattutto umane e le sperimenti continuamente ogni giorno, anche se non lo sai.

• SEGRETO n. 26: Il tuo corpo è ricettivo. Mettiti in ascolto e impara a seguirlo.

• SEGRETO n. 27: Non dare per scontata nessuna forma di chiaro. A volte i messaggi arrivano all'improvviso. Rimani "in ascolto", non sottovalutare la tua capacità di ascoltare.

• SEGRETO n. 28: Puoi vedere di più di quanto credi. Comincia col guardare te stesso senza filtri. Uno dei modi per ampliare la tua capacità di visione è quella di cominciare ad accettare ciò che potresti scoprire guardando.

• SEGRETO n. 29: L'informazione è già dentro di te poiché tu stesso sei informazione e un flusso energetico infinito. Scegliendo di connetterti consapevolmente a questa parte di te, ti connetti al Tutto.

Conclusione

La vita è un continuo processo di creazione. È una serie di scelte. È una serie di azioni che determinano un risultato e che creano una forma di risonanza dentro di te a livello emozionale, mentale, fisico ed energetico. Queste risonanze lasciano dentro di te un segno, delle memorie che restano con te. Sono queste memorie che determinano la tua realtà. È il tuo passato che scrive il presente se glielo permetti. È il tuo inconscio che crea. È il tuo libero arbitrio che modifica gli equilibri del dharma spostandoti su un percorso karmico.

È la tua anima, la parte di te connessa a tutto ciò che è, che ti invia costantemente dei messaggi per rientrare in un processo consapevole di creazione della realtà da uno spazio di presenza e di connessione. Da questo spazio di presenza hai la possibilità di scegliere un approccio migliore alla vita, agli eventi e alle persone affinché la tua realtà diventi armoniosa e si trasformi in bellezza, amore, profondo benessere e felicità. Ciò può accadere perché tu stesso crei tutto questo dentro di te.

Scegli di andare dentro di te, di rompere gli schemi, di aprirti al nuovo e di permetterti di creare una nuova realtà. Il potere è nella Tua Scelta.

Abbiamo voluto scrivere questo libro per aiutarti a diventare il regista della tua vita, diventando il numero uno per te stesso. *Anima, Karma e Destino* è un libro che ti insegna come inserire nella tua esistenza l'osservatore, affinché da uno stato di connessione con te stesso e la tua anima, non ti limiti a essere solo l'attore principale della tua vita. Puoi diventare il regista, l'attore e l'osservatore nello stesso tempo e iniziare a vivere consapevolmente e creare consapevolmente la tua felicità su tutti i piani della tua esistenza.

Questo libro insegna a osservare le proprie modalità di pensiero, le proprie risposte emozionale, i bisogni e le ombre che si manifestano, che ci pongono dei limiti e che non ci permettono di espandere il nostro potenziale. Siamo partiti dalla mente, emozioni, corpo, energia perché questi sono i principali strumenti per vivere la realtà umana. Prendere atto di ciò è il primo passo.

Abbiamo creato per i nostri allievi un percorso specifico che fa parte della Soul Resources Academy, percorso che approfondisce ancora di più la connessione tra questi elementi. La mente, le emozioni, il corpo e l'energia sono in stretta correlazione tra di loro e si influenzano a vicenda. Abbiamo definito questo sistema Human Soul System. È la base per comprendere chi siamo e come funzioniamo. In questo libro ti abbiamo introdotto a questo sistema con lo scopo di aiutarti ad accrescere questa consapevolezza.

Il secondo passo è stato quello di introdurti ai concetti dei bisogni primari che creano tutti gli altri bisogni che noi, come essere umani, abbiamo. Tutto è strettamente correlato con le ombre interiori, con gli automatismi di risposta, con le paure e con quella parte tenera di noi che è il bambino interiore. Ti auguriamo che queste informazioni diventino parte di te. Che tu riesca ad accedere costantemente a quella parte di te, così dolce, così vulnerabile e così tenera che non vuole altro che essere amata. Scoprire il bambino interiore ti permetterà di arrivare a livelli massimi di auto-guarigione.

Nei nostri percorsi dedicati al bambino interiore, nel modulo Inner Child Healing Training, abbiamo visto delle trasformazioni straordinarie nelle persone e i Coach che seguono la nostra Academy utilizzano con grande successo le tecniche da noi fornite ottenendo dei risultati spettacolari con i loro clienti.

Fai sì che anche per te l'attenzione verso te stesso e verso il tuo bambino interiore diventi una costante della tua vita per poter accedere a un livello di trasformazione profonda.

Il nostro scopo è questo: trasmetterti tutta quella conoscenza che permette la trasformazione attraverso l'azione. Proprio per questo motivo nelle pagine di questo libro ci siamo prefissi di condividere il massimo che è possibile fare in questo spazio. Ti abbiamo trasmesso le linee guida del percorso Soul Life Coach che fa parte della nostra Accademia. Ti abbiamo guidato attraverso i quattro step: sistema umano, bambino interiore, karma e dharma.

Nei nostri percorsi Human Soul System Training, Inner Child Healing Training, Karma Healing e Life Mission Alignment tutto ciò che ti abbiamo trasmesso in questo libro viene approfondito ai massimi livelli per poter accedere a una conoscenza ampia e a delle tecniche specifiche, utili per ottenere straordinari risultati sia per sé stessi che per gli altri.

Puoi partire dalle informazioni che abbiamo condiviso con te in questo libro per iniziare a espandere la tua visione di te stesso e della realtà per poter accedere al tuo intero potenziale di creazione.

Nell'ultima parte del libro ti abbiamo parlato delle modalità di connessione con te stesso e con le informazioni della tua anima per farti comprendere che non c'è niente di paranormale ma che tutto nella vita ha un significato. Ti abbiamo parlato di chiarosenzienza, chiaroudienza, chiaroveggenza e chiaroconoscenza.

Sono i sensi che tu utilizzi, che noi come esseri umani utilizziamo per essere "funzionali" nella nostra realtà e per poter rispondere a ciò che dall'esterno percepiamo. Sono i sensi attraverso cui la nostra anima comunica. Per questo motivo abbiamo scelto di dare il nome "Soul Oracle" al percorso che abbiamo creato per ampliare queste capacità che sono strumenti naturali dell'essere umano.

Sta a te entrare sempre di più in connessione con te stesso attraverso questi sensi, attraverso queste capacità e seguire i messaggi della tua anima per essere sempre più allineato con le missioni della tua vita. Ti auguriamo di espandere sempre di più il tuo potenziale e trasformarti con leggerezza, grazia e bellezza.

Sai una cosa? L'essenza di questa tua trasformazione ed espansione non riguarda solo te. Riguarda il mondo intero. Il tuo mondo, il nostro mondo, non è altro che un riflesso delle persone che lo compongono. Espandendo la propria consapevolezza si accresce la consapevolezza del mondo, passando così dalla paura al coraggio, dalla mancanza all'abbondanza, dall'infelicità alla felicità, dal conflitto interiore ed esteriore all'amore.

Ricorda che tutto il potenziale di creazione è dentro di te. Nella tua semplice e bellissima umanità. Scegli di accederci. Il Potere è nella tua scelta.

Grazie.

Con infinito amore,

Fabiana e Paul Stefan

Ringraziamenti

Prima di tutto ringraziamo voi, carissimi lettori per essere arrivati fino a qui, per la fiducia e il tempo dedicato a leggere queste pagine. E ringraziamo con tutto il cuore Francesca e Camelia per il loro continuo sostegno e contributo, e per aiutarci sempre a trasformare i nostri sogni in realtà. Un grande grazie al team di Bruno Editori per la loro competenza e impegno.

Ringraziamo dal profondo dei nostri cuori i nostri genitori per averci aiutato a essere chi siamo noi oggi. Ringraziamo nostra figlia Aurora, la nostra principessa, per essere per noi una continua fonte di ispirazione e di vita.

Un ringraziamento particolare a tutti gli allievi che seguono i percorsi della Soul Resources Academy per il cammino bellissimo che stiamo facendo insieme, per la loro perseveranza e impegno nel trasformare sé stessi e nell'essere al servizio per le persone che si rivolgono a loro per ricevere aiuto, consigli e guida.

Grazie anche a tutte le persone che si sono rivolte a noi per sessioni personali e per le canalizzazioni con i Maestri Ascesi. Attraverso il percorso di Guida, di Maestria e Auto-Guarigione c'è stata la possibilità di ampliare sempre di più la conoscenza che abbiamo iniziato a condividere con voi in questo primo libro.

E un ringraziamento speciale a Giacomo Bruno per far sì che i sogni di tanti autori si trasformino in realtà.

Risorse

Sito web: https://risveglioconsapevole.com/

Pagina Facebook di Risveglio Consapevole: una community dedicata allo sviluppo personale e all'espansione della propria visione
https://www.facebook.com/Risveglio-Consapevole-Paul-Stefan-Jureschi-Fabiana-Vagelli-915293728599568/

Pagine Facebook personali:
https://www.facebook.com/paulstefan.jureschi
https://www.facebook.com/fabiana.vagelli

Per ricevere maggiori informazioni sui vari nostri percorsi, ritiri, workshop, trainings e sessioni individuali ci puoi contattare sulla mail:

RisveglioConsapevole@gmail.com

PROGRAMMI DELLA **SOUL RESOURCES ACADEMY**

Soul Life Coach Trainings

Il percorso *Soul Life Coach* ti offre un **insieme di moduli formativi** che ti aiutano ad attuare un processo di **trasformazione, guarigione ed evoluzione a tutti i livelli per te stesso e per le persone** con cui entri in contatto e che scelgono di essere aiutate da te.

In questi percorsi vengono coinvolte tutte le aree dell'esistenza: salute, relazioni, lavoro, denaro, raggiungimento obiettivi, crescita personale, evoluzione ed espansione delle capacità spirituali, etc.

Possiamo aiutarti ad **accedere al tuo intero potenziale** e ad aiutare gli altri a fare altrettanto, fornendoti gli strumenti per individuare con precisione e per trasformare **le origini** dei blocchi, dei sabotaggi, degli squilibri o dei traumi che sono presenti e che non permettono **un'espressione completa** del proprio essere.

I 4 moduli del percorso *Soul Life Coach* ti permettono di avere una **visione chiara e ad ampio raggio** su tutti gli elementi che contribuiscono all'autoguarigione di un determinato aspetto personale, alla risoluzione dei conflitti, al raggiungimento di un obiettivo o alla espansione energetica e spirituale.

1. Modulo HUMAN SOUL SYSTEM

Questo primo modulo porta una nuova visione e un modello rivoluzionario del **sistema umano**: corpo, emozioni, mente ed energia, dandoti gli strumenti per comprendere e utilizzare l'interconnessione tra questi quattro elementi ai fini dell'autoguarigione.

L'intento è di offrirti informazioni specifiche e **tecniche innovative per portare equilibrio in te stesso e negli altri** attraverso la comprensione dell'essere umano in tutte le sue parti.

Il modulo "Human Soul System" è **particolarmente adatto a chi** desidera guarire le proprie credenze, sinapsi limitanti, sabotaggi e per chi non riesce a trovare equilibrio nella propria vita.

È **indicato per** gli operatori energetici, counselor, coach o per coloro che vogliono aiutare le persone con cui entrano in contatto a riarmonizzare la propria esistenza per raggiungere un benessere duraturo e completo.

2. Modulo INNER CHILD HEALING

Questo modulo è dedicato al **bambino interiore** e alle altre **parti interiori** che si sviluppano durante il nostro percorso di crescita.

L'intento è quello di portare **un'autoguarigione completa raggiungendo l'origine di ogni tematica** per scioglierla con facilità entrando in connessione con i nostri più **profondi livelli di subconscio** e con le nostre parti interiori per farle collaborare ai processi di autoguarigione.

Questo modulo è consigliato a chi ha problemi di autostima, per chi vive il ripetersi continuo delle stesse esperienze e schemi (in particolare nell'ambito relazionale) e per chi vuole portare uno sblocco completo e definitivo nelle situazioni stagnanti con una "riabilitazione" dell'immagine personale di sé.

3. Modulo KARMA HEALING

Se sei una persona che ama **andare in profondità** per portare autoguarigione in sé stesso e negli altri, beneficerai molto di questo modulo. Attraverso questo percorso andrai ad **esplorare il mondo animico, il registro akashico e il bagaglio karmico** che dà sostegno o che crea disarmonie, resistenze e problemi nella vita quotidiana.

Comprendere e/o sciogliere elementi della nostra vita che sono "invisibili" ma che interagiscono intensamente con noi e attraverso di noi, può portare profondi miglioramenti nella nostra esistenza in tutti i rami.

L'obiettivo del modulo "Karma Healing" è di alleggerire la tua vita, rendendola semplice, facile e scorrevole, imparando a trasmutare le informazioni karmiche e a lasciar andare consapevolmente ciò che è pronto ad andare via.

4. Modulo LIFE MISSION ALIGNMENT

Il "Life Mission Alignment" è un **modulo impattante** e **trasformativo** attraverso cui puoi imparare tantissimo su chi tu sei oggi e su come diventare il meglio di te.

Raccomandiamo questo modulo a chi vuole comprendere "**chi sono io**", "**cosa sono venuto a sperimentare**" e come accedere al reale potenziale interiore. In questo percorso scoprirai il potere del tuo **Sé** attraverso il quale le tue **capacità intuitive e percettive** aumentano esponenzialmente.

L'obiettivo è insegnarti ad entrare, attraverso lo **stato di trance**, in una connessione consapevole con la tua essenza divina per **ricevere risposte**, per **accedere alle più profonde risorse e capacità** e per potenziare il tuo processo di espansione energetica e di autoguarigione per te stesso e per gli altri.

SOUL ORACLE TRAININGS

Il *Soul Oracle* è un percorso organizzato in 3 moduli, che ha come obiettivo quello di ricondurti e aiutarti a scoprire il tuo reale potere personale e le tue capacità "extra"- sensoriali.

Se anche tu hai "percezioni", "sensazioni" o se semplicemente "sai" che il mondo dell'energia è nel tuo percorso di vita, ma non hai ancora compreso o saputo come entrarci profondamente in contatto o se desideri "affinare" le tue capacità, ti consigliamo di approfondire queste informazioni.

Molto spesso le "capacità" sono dormienti. Per insicurezza, per mancanza di fiducia, bassa autostima, per paura o semplicemente per non sapere "come" fare, ci blocchiamo.

Sia che tu abbia dei semi da coltivare, sia che tu abbia già dei talenti da affinare, il percorso *Soul Oracle* ti dà l'opportunità di scoprire moltissimo su te stesso, su come muovere l'energia, su come canalizzare al meglio informazioni precise e dettagliate.

1. Modulo RITORNO ALL'ESSENZA

Questo modulo è aperto sia ai principianti, sia a chi ha già sviluppato dalla nascita o all'interno del suo percorso di crescita capacità e/o doni nell'ambito spirituale / energetico / sciamanico / medianico e vuole ampliarli.

È dedicato allo **sviluppo delle discipline psichiche, mentali e spirituali** partendo dal presupposto che le capacità, le facoltà, sono un qualcosa di completamente naturale ed accessibile per ognuno di noi.

Si approfondiranno temi come:
• Le quattro forme di chiaro: chiarosenzienza, chiaroconoscenza, chiaroudienza, chiaroveggenza
• La percezione tattile
• La percezione emotiva
• Tecniche di protezione energetica
• Tecniche di guarigione energetica
• Tecniche di canalizzazione
• La connessione consapevole al Sé

Si rivolge dunque a tutte le persone che desiderano intraprendere un viaggio interiore in sé stesse per ri-scoprire i loro doni naturali, approfondendoli e facendoli divenire un loro strumento di autoguarigione, di comprensione, di sviluppo di sé stessi e creazione della propria realtà.

2. Modulo INTENSIVE CHANNELING

L'Intensive Channeling è un ritiro di canalizzazione avanzato.

È dedicato allo sviluppo, **potenziamento e affinamento della canalizzazione ritualistica** e alla comprensione dei vari campi energetici informazionali a cui è possibile connettersi per ricevere le informazioni più adatte.

L'obiettivo è di farti diventare un esperto in canalizzazione per poter canalizzare informazioni precise, dettagliate, particolari e non soltanto generali.

Si approfondiranno argomenti quali:
• La canalizzazione ritualistica

• Le varie forme di canalizzazione ritualistica
• Tecniche di canalizzazione avanzata
• I campi energetici a cui connettersi per ricevere le informazioni
• La percezione energetica consapevole
• L'ampliamento del chakra della corona

Questo modulo si rivolge a chi già canalizza e ha buone informazioni di base e che desidera fare il "salto quantico" nella canalizzazione.

3. Modulo BODY CHANNELING

Questo percorso è aperto ai canalizzatori esperti. Nel modulo **"Body Channeling"** il canalizzatore esperto imparerà a percepire l'energia nel corpo e ad essere un canale per l'energia di luce che comincerà ad operare attraverso di lui.

Si comprenderà come **essere "canali" per eccellenza e come essere un tutt'uno con l'energia.**

Si approfondiranno temi come:

- Il body channeling parziale
- Il body channeling totale
- La connessione con il campo energetico di luce
- Come essere un puro canale cristallino
- Tecniche di body channeling
- Tecniche di percezione energetica avanzate
- Il corpo astrale

Questo modulo è dedicato a canalizzatori esperti che sono in grado di interagire con il campo energetico e che desiderano utilizzare le capacità energetiche ai massimi livelli.

Per ricevere maggiori informazioni sui percorsi della **"Soul Resources Academy"** ci puoi contattare all'indirizzo:

SoulResources.Academy@gmail.com

www.ingramcontent.com/pod-product-compliance
Lightning Source LLC
Chambersburg PA
CBHW070445090426
42735CB00012B/2466